T0034423

MABON

Los ocho sabbats

MABON

Rituales, recetas y tradiciones
para el equinoccio de otoño

Diana Rajchel

Traducción de Miguel Trujillo Fernández

TRANSLATED FROM *Mabon. Rituals, Recipes & Lore for the Autumn Equinox*

Published by Lewellyn Publications
Woodbury, MN, 55125, USA
www.lewellyn.com

Primera edición: septiembre 2023

EDITORIAL ARCOPRESS • COLECCIÓN LOS OCHO SABBATS
Edición: Pilar Pimentel
Corrección y maquetación: Helena Montané

www.arcopress.com
Síguenos en @Arcopresslibros

Editorial Almuzara
Parque Logístico de Córdoba. Ctra. Palma del Río, km 4
C/8, Nave L2, n.º 3, 14005 - Córdoba

Imprime Romanyà Valls
ISBN: 978-84-11315-19-7
Depósito legal: CO-1400-2023
Hecho e impreso en España - *Made and printed in Spain*

Índice

LOS OCHO SABBATS

La colección *Los ocho sabbats* proporciona instrucciones e inspiración para honrar cada uno de los *sabbats* de la brujería moderna. Cada título de esta serie de ocho volúmenes está repleto de hechizos, rituales, meditaciones, historia, sabiduría popular, invocaciones, adivinaciones, recetas, artesanía y mucho más. Son libros que exploran tanto las tradiciones antiguas como las modernas, a la hora de celebrar los ritos estacionales, que son las verdaderas piedras angulares del año de la bruja.

Hoy en día, los wiccanos y muchos neopaganos (paganos modernos) celebran ocho *sabbats*, es decir, festividades; ocho días sagrados que juntos componen lo que se conoce como la Rueda del Año, o el ciclo de los *sabbats*. Cada uno de ellos se corresponde con un punto de inflexión importante en el viaje anual de la naturaleza a través de las estaciones.

Dedicar nuestra atención a la Rueda del Año nos permite sintonizar mejor con los ciclos energéticos de la naturaleza y escuchar lo que esta nos está susurrando (¡o gritando!), en lugar de ir en contra de las mareas estacionales. ¿Qué mejor momento para el comienzo de nuevos proyectos que la primavera, cuando la tierra vuelve a despertar después de un largo invierno y, de pronto, todo comienza a florecer, a crecer y a brotar del suelo otra vez? Y, ¿acaso hay una mejor ocasión para meditar y planificar que durante el letargo introspectivo del invierno? Con la colección *Los ocho sabbats* aprenderás a centrarte en los aspectos espirituales de la Rueda del Año, a cómo transitar por ella en armonía, y celebrar tu propio crecimiento y tus logros. Tal vez, este sea tu primer libro sobre Wicca, brujería o paganismo, o la incorporación más reciente a una librería (digital o física) ya repleta de conocimiento mágico. En cualquier caso, esperamos que encuentres aquí algo de valor que puedas llevarte contigo en tu viaje.

Haz un viaje a través de la Rueda del Año

Cada uno de los ocho *sabbats* marca un punto importante de los ciclos anuales de la naturaleza. Se representan como ocho radios situados de forma equidistante en una rueda que representa el año completo; las fechas en las que caen también están situadas de forma casi equidistante en el calendario.

La Rueda está compuesta por dos grupos, cada uno de cuatro festividades. Hay cuatro festivales solares relacionados con la posición del sol en el cielo, que dividen el año en cuartos: el equinoccio de primavera, el solsticio de verano, el equinoccio de otoño y el solsticio de invierno. Todos ellos se fechan de forma astronómica y, por lo tanto, varían ligeramente de un año a otro.

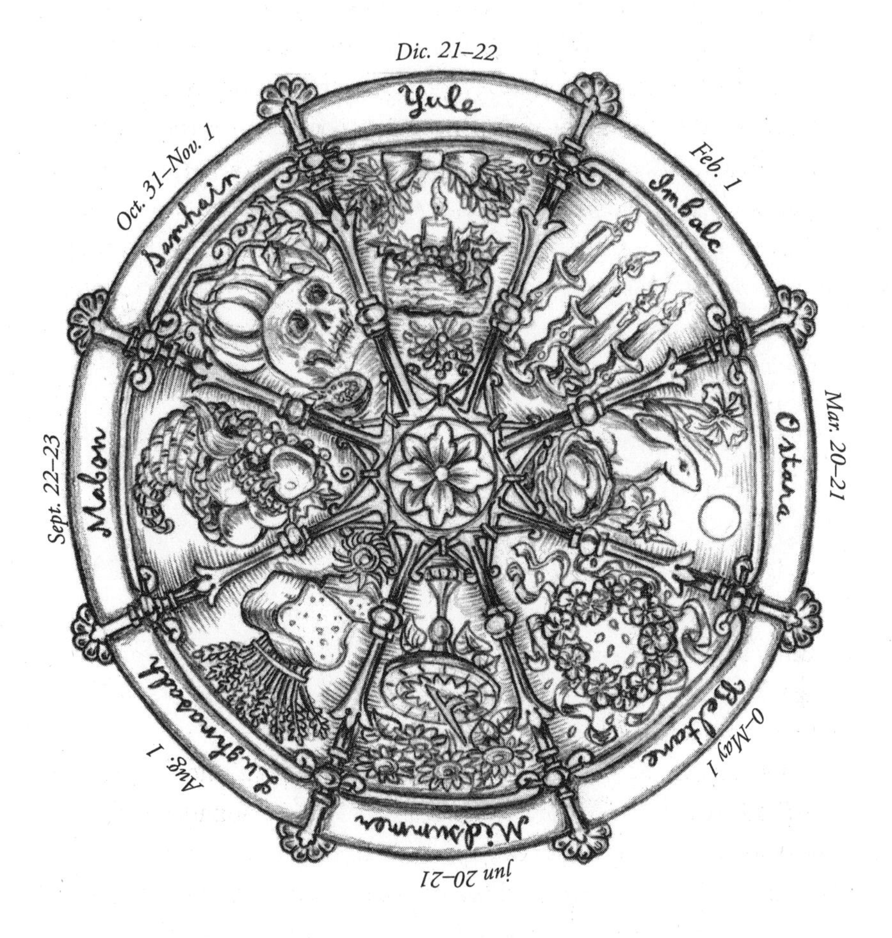

Rueda del Año - hemisferio norte
(Todas las fechas de los solsticios y los equinoccios son aproximadas, y habría que consultar un almanaque o un calendario para averiguar las fechas correctas de cada año)

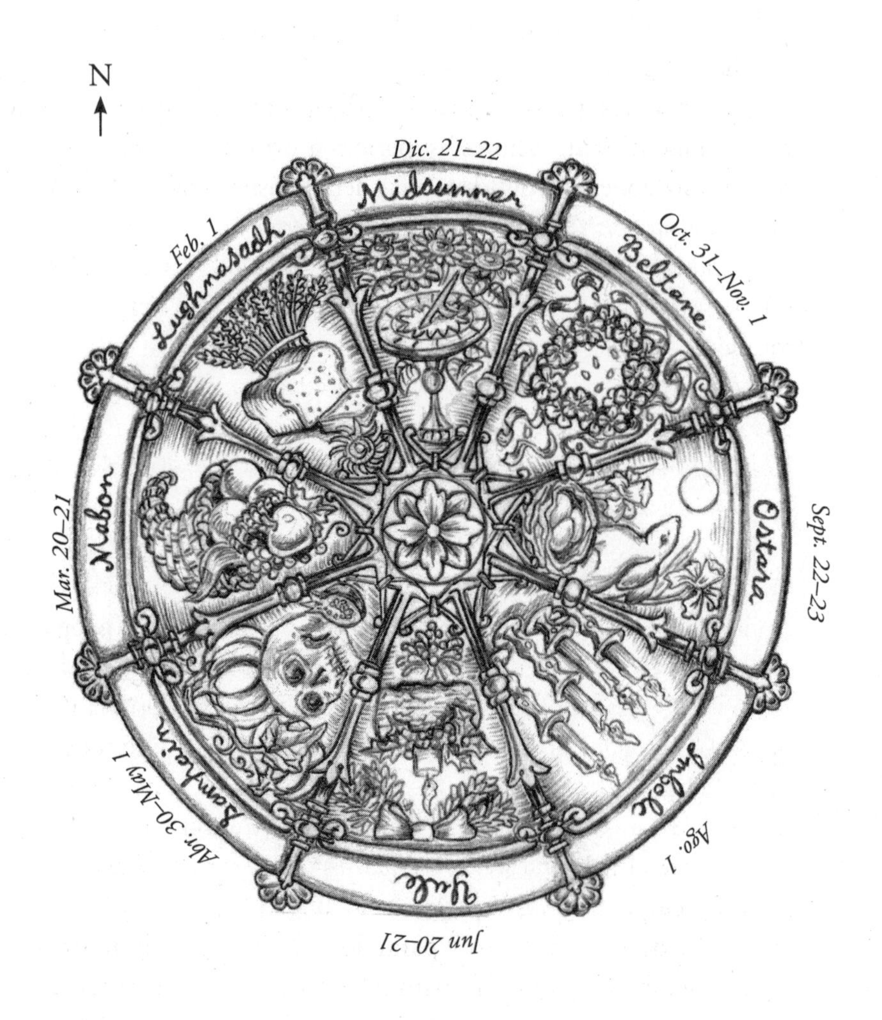

Rueda del Año - hemisferio sur

Entre estas festividades se encuentran las festividades de mitad del cuarto, o festivales del fuego: Imbolc, Beltane, Lughnasadh y Samhain. Las festividades estacionales a veces se conocen como *Sabbats* menores, y las de mitad de estación como *Sabbats* mayores, aunque ningún ciclo es «superior» a otro. En el hemisferio sur, las estaciones son opuestas a las del hemisferio norte y, por lo tanto, los *sabbats* se celebran en fechas diferentes.

Aunque el libro que estás leyendo se centra solo en el Mabon, puede resultar útil saber cómo encaja dentro del ciclo en su totalidad.

El solsticio de invierno, también conocido como Yule o festividad de mitad del invierno, tiene lugar cuando la noche ha alcanzado su duración máxima; después de este, la duración de los días comenzará a incrementarse. Aunque la fría oscuridad está sobre nosotros, ya se aviva la esperanza de los días más luminosos que están por llegar. En la tradición wiccana, este es el momento en el que nace el joven dios solar. En algunas tradiciones neopaganas, este es el momento en el que el Rey del Acebo está destinado a perder la batalla contra su hermano más luminoso, el Rey del Roble. Se encienden velas, se degustan manjares, y se traen a la casa plantas perennes como recordatorio de que, a pesar de la crudeza del invierno, la luz y la vida siempre prevalecen.

Durante el Imbolc (que también se puede escribir «Imbolg»), el suelo empieza a descongelarse, lo que indica que ya es el momento de comenzar a preparar los campos para la temporada de sembrado que se aproxima. Comenzamos a despertar de nuestros meses de introspección y empezamos a organizar lo que hemos aprendido durante ese tiempo, además de dar los primeros pasos para hacer planes de cara al futuro. Algunos wiccanos también bendicen velas durante el Imbolc, otra forma simbólica de invocar a la luz, que ahora es ya perceptiblemente más fuerte.

En el equinoccio de primavera, también conocido como Ostara, la noche y el día vuelven a tener la misma duración y, a partir de entonces, los días comenzarán a ser más largos que las noches. El equinoccio de primavera es un momento de renovación, de plantar semillas ahora que la tierra ha vuelto a la vida una vez más. Decoramos huevos como símbolo de esperanza, vida y fertilidad, y realizamos rituales para cargarnos de energía con la que poder encontrar el poder y la pasión para vivir y crecer.

En las sociedades agrícolas, el Beltane señalaba el comienzo del verano. Se sacaba al ganado a pastar en abundantes prados, y los árboles se llenaban de flores hermosas y fragantes. Se realizaban rituales para proteger las cosechas, el ganado y la gente. Se encendían fuegos y se hacían ofrendas con la esperanza de conseguir la protección divina. En la mitología wiccana, el dios joven fecundaba a la diosa joven. Todos tenemos algo que queremos cosechar para cuando acabe el año, planes que estamos decididos a cumplir, y el Beltane es un momento estupendo para poner en marcha ese proceso de forma entusiasta.

El solsticio de verano es el día más largo del año. También se llama Litha, la festividad de mitad del verano. Las energías del sol están en su cúspide, y el poder de la naturaleza se encuentra en su punto más álgido. En la tradición wiccana, este es el momento en el que el dios solar es más fuerte que nunca (de modo que, de forma paradójica, su poder ya solo puede comenzar a disminuir) tras haber fecundado a la diosa doncella, que se transforma entonces en la Madre Tierra. En algunas tradiciones neopaganas es aquí cuando el Rey del Acebo vuelve a enfrentarse a su aspecto más luminoso, y, en esta ocasión, vence al Rey del Roble. Por lo general, se trata de un momento de grandes alegrías y celebraciones.

En el Lughnasadh, la cosecha principal del verano ya ha madurado. Realizamos celebraciones, participamos en juegos, expresamos la gratitud que sentimos y disfrutamos de los festines que preparamos. También se conoce como Lammas, y es el momento en el que celebramos la primera cosecha, ya sea relativa a los cultivos que hemos plantado o los frutos que han dado nuestros primeros proyectos. Para celebrar la cosecha de grano, a menudo se hornea pan durante este día.

El equinoccio de otoño, también conocido como Mabon, señala otro importante cambio estacional y una segunda cosecha. El sol brilla por igual en ambos hemisferios, y la duración de la noche y del día es la misma. Después de este momento, las noches comenzarán a ganar terreno a los días. En conexión con la cosecha, este día se celebra un festival de sacrificio al dios moribundo, y se paga un tributo al sol y a la tierra fértil.

Para el pueblo celta, el Samhain señalaba el comienzo de la estación del invierno. Este era el momento en el que se sacrificaba al ganado y se recogía la cosecha final antes de la inevitable caída a las profundidades de la oscuridad del invierno. Se encendían fuegos para guiar en su camino a los espíritus errantes, y se hacían ofrendas en nombre de los dioses y de los antepasados. El Samhain se veía como un comienzo, y hoy en día se suele considerar el Año Nuevo de las brujas. Honramos a nuestros antepasados, reducimos nuestras actividades, y nos preparamos para los meses de introspección que están por delante... y el ciclo continúa.

La relación del pagano moderno con la Rueda

El paganismo moderno se inspira en muchas tradiciones espirituales precristianas, lo cual queda ejemplificado en la Rueda del Año. El ciclo de los ocho festivales que reconocemos a través del paganismo moderno nunca se celebró por completo en ninguna cultura precristiana en particular. En los años cuarenta y cincuenta, un hombre británico, llamado Gerald Gardner, creó la nueva religión de la Wicca mezclando elementos de una variedad de culturas y tradiciones, a través de la adaptación de prácticas de religiones precristianas, creencias animistas, magia popular y distintas disciplinas chamánicas y órdenes esotéricas. Combinó las tradiciones multiculturales de los equinoccios y los solsticios con los días festivos celtas y las primeras celebraciones agrícolas y pastorales de Europa para crear un modelo único que se convirtió en el marco del año ritual de la Wicca.

Los wiccanos y las brujas, así como muchos paganos eclécticos de diversa índole, siguen de forma popular el año ritual wiccano. Algunos paganos tan solo celebran la mitad de los *sabbats*, ya sean los de los cuartos o los que se sitúan en mitad del cuarto. Otros paganos rechazan la Rueda del Año en su totalidad y siguen un calendario de festivales basado en la cultura del camino específico que sigan, en lugar de un ciclo agrario basado en la naturaleza.

Todos tenemos unos caminos tan singulares en el paganismo que es importante no dar por hecho que el camino de los demás será el mismo que el nuestro; mantener una actitud abierta y positiva es lo que hace prosperar a la comunidad pagana.

Muchos paganos adaptan la Rueda del Año a su propio entorno. La Wicca ha crecido hasta convertirse en una auténtica religión global, pero pocos de nosotros vivimos en un clima que refleje los orígenes de la Wicca en las islas británicas. Aunque tradicionalmente el Imbolc es el comienzo del deshielo y el despertar de la tierra, puede ser el punto más álgido del invierno en muchos climas del norte. Y, aunque el Lammas pueda ser una celebración de agradecimiento por la cosecha para algunos, en áreas propensas a las sequías y a los fuegos forestales puede ser una época del año peligrosa e incierta.

También hay que tener en cuenta los dos hemisferios. Cuando es invierno en el hemisferio norte, es verano en el hemisferio sur. Mientras los paganos de América del Norte están celebrando el Yule y el Solsticio de Invierno, los paganos de Australia celebran el festival de mitad del verano. Las propias experiencias vitales del practicante son más importantes que cualquier dogma escrito en un libro cuando se trata de celebrar los *sabbats*.

En línea con ese espíritu, tal vez desees retrasar o adelantar las celebraciones, de modo que sus correspondencias estacionales encajen mejor con tu propio entorno, o puede que quieras enfatizar distintos temas para cada *sabbat* según tus propias experiencias. Esta serie de libros debería ayudarte a que dichas opciones te resulten fáciles y accesibles.

Sin importar el lugar del globo en el que vivas, ya sea en un entorno urbano, rural o suburbano, puedes adaptar las tradiciones y las prácticas de los *sabbats* de modo que encajen con tu propia vida y con tu entorno. La naturaleza nos rodea por todas partes; por mucho que los seres humanos intentáramos aislarnos de los ciclos de la naturaleza, estos cambios estacionales recurrentes son ineludibles. En lugar de nadar contracorriente, muchos paganos modernos abrazamos las energías únicas que hay en cada estación, ya sean oscuras, luminosas o algo intermedio, e integramos esas energías en los aspectos de nuestra propia vida diaria.

La serie de *Los ocho sabbats* te ofrece toda la información que necesitas para hacer precisamente eso. Cada libro será parecido al que tienes ahora entre las manos. El primer capítulo, *Las tradiciones antiguas*, comparte la historia y la sabiduría que se han ido transmitiendo desde la mitología y las tradiciones precristianas, hasta cualquier vestigio que todavía quede patente en la vida moderna. *Las tradiciones modernas* abordan esos temas y elementos y los traducen a las formas bajo las que muchos paganos modernos festejan y celebran cada *sabbat*. El siguiente capítulo se centra en *Hechizos y adivinación*; se trata de fórmulas apropiadas para la estación y basadas en la tradición popular, mientras que el siguiente, *Recetas y artesanía*, te ofrece ideas para decorar tu hogar y hacer artesanía y recetas que aprovechen las ofrendas estacionales. El capítulo *Oraciones e invocaciones* te proporciona llamamientos y oraciones, ya preparados, que puedes emplear en rituales, meditaciones o en tu propia introspección. El capítulo de los *Rituales de celebración* te proporciona tres rituales completos: uno para realizar en solitario, otro para dos personas, y otro para un grupo completo, como un aquelarre, círculo o agrupación. Siéntete libre de adaptar todos los rituales o alguno de ellos a tus propias necesidades, sustituyendo tus propias ofrendas, llamamientos, invocaciones, hechizos mágicos y demás. Cuando planees un ritual en grupo, trata de prestar atención a cualquier necesidad especial que puedan tener los participantes. Hay muchos libros maravillosos disponibles que se adentran en los detalles específicos de hacer los rituales más accesibles si no tienes experiencia en este ámbito.

Por último, en la parte final de cada título encontrarás una lista completa de correspondencias para la festividad, desde los temas mágicos y las deidades hasta comidas, colores, símbolos y más. Para cuando termines este libro, tendrás la inspiración y los conocimientos necesarios para celebrar el *sabbat* con entusiasmo.

Honrando la Rueda del Año reafirmamos nuestra conexión con la naturaleza de modo que, mientras continúa con sus ciclos infinitos, seamos capaces de dejarnos llevar por la corriente y disfrutar del trayecto.

LAS TRADICIONES ANTIGUAS

ion – purification, prosperity, the mysteries of autumn equ
stors, echinacea – healing, strengthening hyssop – purificat
n, patience, loyalty, eternal life, concentration, love myrrh –
rification, protection, spirituality Solomon's seal – exorc
purification, connecting to ancestors, connecting to land ya
– protection, luck, health, money, fertility, Pine – healing
rotection, prosperity, health, the sea Maple – love, friend
prosperity, healing, prosperity, sleep Flowers carnation –
igold – protection, healing sunflower – purity, optimism
o stones specifically associated with Mabon. However, sto
sun dials are appropriate to this holiday. Animals, toten
ng animals in the Mabinogion that helped lead Arthur's
world the Blackbird – one of the guiding animals in the
ty, men to Mabon; brings messages of other worlds to th
the guiding animals in the Mabinogion that helped lead
ting and wisdom the Eagle – one of the guiding animals
l Arthur's men to Mabon; associated with wisdom, insig
n – one of the guiding animals in the Mabinogion that
n of knowledge and past and future the Goose – goose we

Los festivales de la cosecha celebraban algo más que la finalización del trabajo de la temporada; celebraban la capacidad de sobrevivir al invierno. El más conocido de estos festivales de la cosecha era el conocido como los Misterios de Eleusis, una celebración de una semana de duración en la antigua Grecia que caía cerca del equinoccio de otoño. El Mabon es una adaptación moderna a estas celebraciones de la cosecha, el sacrificio y la supervivencia. Aunque los wiccanos a menudo piensan en el Mabon como el Día de Acción de Gracias pagano, aquellos que reconocen los mitos de los dioses moribundos inherentes a la festividad también pueden considerarla como una especie de Pascua pagana. El Mabon sirve para dar las gracias no solo por nuestra comida, sino también por los sacrificios necesarios para que podamos sobrevivir.

Las celebraciones de los *sabbats* señalan los puntos estacionales más destacados para la visión británica del mundo, con los equinoccios que tienen lugar en septiembre y marzo y los solsticios en junio y diciembre. La mayoría de los paganos de fuera del hemisferio norte asume la perspectiva de que una religión de la naturaleza debe honrar a la naturaleza tal y como es, de modo que cambian sus prácticas para adaptarlas a sus propias ubicaciones. No todo el mundo vive en lugares donde nieva, donde llueve con frecuencia o donde el verano termina en ese determinado momento alrededor del Samhain. Tal vez, en este momento, los naranjos dejan de dar frutos o maduran distintas hortalizas. Tal vez el mar se vuelve agitado. El tiempo más frío puede obligarnos a ponernos un simple jersey por la mañana para despojarnos de él más tarde, en lugar de tener que ponernos un abrigo y unas botas.

Un equinoccio se produce cuando el plano del ecuador de la Tierra pasa por el centro del sol. Esto ocurre dos veces al año: en el equinoccio de primavera y en el de otoño. El resultado es que los hemisferios norte y sur de la Tierra reciben la misma cantidad de luz. Para quienes viven cerca del ecuador, un equinoccio es uno de los dos únicos momentos del año en los que el sol se encuentra en un punto subsolar, es decir, el punto en el que el centro del sol, cuando alcanza su cenit, está directamente por encima de la cabeza.

Cuando esto ocurre en marzo, el hemisferio norte comienza a recibir cada día más luz (mientras que el hemisferio sur la ve disminuir). En septiembre, las mitades de la Tierra intercambian su luz. Los extremos de este intercambio son menos drásticos para los que viven cerca del ecuador, pero el extremismo aumenta cuanto más se alejan. Las latitudes situadas a medio camino entre el ecuador y los polos norte o sur experimentan un día con una distribución uniforme (o casi uniforme) entre la luz y la oscuridad.

Esta distribución y las complicaciones que hacen que cada cosecha sea impredecible son la razones por las que el Mabon se suele celebrar dentro de un rango de días en lugar de hacerlo de forma específica en las fechas tradicionales del 20 o 21 de septiembre. El equinoccio no es un acontecimiento de un solo día. Puede suceder a lo largo de dos o tres, dependiendo del lugar. Dado que las tradiciones del equinoccio de otoño se centran en el trabajo de la cosecha, dejar pasar unos días para reconocer el cambio de luz tiene sentido. Pocos agricultores o granjeros son capaces de cosechar todo lo que han cultivado en el transcurso de un solo día. La recolección es un proceso que dura semanas, a veces meses. El trabajo de recolección incluye aventar, apilar, encurtir, hornear y conservar. A medida que la luz mengua, aumenta la urgencia del trabajo.

Astrología del equinoccio de otoño

La astrología hace algo más que definir personalidades; también marca las estaciones y, hasta cierto punto, puede implicar acciones apropiadas para una estación. En el caso del Mabon, el equinoccio de otoño se produce cuando el sol entra en el signo de Libra. Libra, representado por la balanza, es singularmente apropiado. El equilibrio sensato y el juicio cuidadoso de Libra son cualidades muy necesarias cuando nos preparamos para la estación dura que se avecina. La cosecha exige tomar decisiones sobre qué almacenar y qué consumir. ¿Qué debemos dejar que se pudra en los campos? ¿Qué bulbos debemos plantar en la tierra para que esperen a que llegue la fuerza del equinoccio de primavera? ¿De qué podemos prescindir con seguridad durante el invierno?

Para quienes planifican su vida según los preceptos astrológicos, Libra y el equinoccio de otoño señalan una época para cosechar lo que has cultivado en el último año y un momento para echar un vistazo honesto a lo que tienes que dejar ir. No es necesario que lo dejes todo de inmediato: estos ciclos astrológicos y estacionales te dan algo de tiempo para una separación progresiva. También puedes interpretar la irrupción de este signo como un momento para tomar precauciones. Inicia un plan de ahorro. Vacúnate contra la gripe. Asegúrate de que no hay problemas con tu historial de crédito.

Somos como nuestros antepasados

No estamos tan alejados de nuestros antepasados como nos gustaría pensar. Seguimos dependiendo de los alimentos cultivados en algún lugar (ya sea por nuestras propias manos o por las de un agricultor), y seguimos estando sometidos a los cambios estacionales, a las condiciones meteorológicas variables y a las preocupaciones medioambientales que afectan directamente a la forma en la que vivimos nuestra vida cotidiana. Los avances tecnológicos todavía no han cambiado nuestra dependencia básica de la agricultura.

Tocamos las mismas cosas que tocaron nuestros antepasados: la tierra, las aguas y el propio aire. Aunque a menudo nos describimos como mitad de un progenitor y mitad del otro, la verdad es mucho más compleja. Una mitad de nosotros es una amalgama de los antepasados de nuestra madre, y la otra mitad es una amalgama de los de nuestro padre. No somos meros depósitos de la generación anterior. Somos el complejo resultado de la historia. Incluso la vida más humilde lleva adherida una herencia ancestral, expresada mientras la hélice del ADN gira y se reencuentra para proponer un nuevo ser, una nueva visión de todo lo anterior.

Algunos no necesitan indagar más en las maquinaciones espirituales para ver que los antepasados siguen con nosotros. Otros sienten, en cambio, la necesidad de encontrar una explicación más sofisticada a nuestras conexiones e interacciones. Los mitos antiguos servían para ofrecer respuestas. Todos los mitos hablaban de alguna verdad profunda que los aderezos de la ficción hacían más fácil de transmitir. Los paganos a menudo recurren a estos mitos para ayudar a su propia comprensión espiritual del universo. Algunos de esos mitos son recuerdos de nuestros antepasados, dibujados a grandes rasgos y alineados con la propia naturaleza. Otras historias, como los cuentos de Isis y Osiris, o de Deméter y Perséfone, están llenas de amor, pérdida, planes para sobrevivir y otras inevitabilidades de la vida que experimentamos hasta el día de hoy.

Aidan Kelly y el Mabon

Fue Aidan Kelly, según su propio relato, quien bautizó la celebración pagana moderna del equinoccio de otoño como «Mabon».

Antes de esto, los practicantes de las religiones paganas llamaban simplemente a esta fiesta estacional el Equinoccio de Otoño u Otoñal. Los primeros wiccanos celebraban los grandes festivales del fuego, y los *sabbats* de los cuartos tenían lugar en la luna llena más cercana. Cuando Kelly se inició en la Wicca, las celebraciones del *sabbat* implicaban un ritual seguido de una fiesta durante cada uno de los cuatro festivales del fuego principales (Imbolc, Beltane, Lughnasadh y Samhain). Dado que los cuatro festivales del fuego tenían nombres celtas, Kelly intentó equilibrar la balanza dando nombres sajones a los festivales solares de los cuartos de los equinoccios y los solsticios. Por desgracia, no pudo encontrar ningún nombre de fiesta sajona antigua que encajara del todo con los temas del equinoccio de otoño wiccano.

Lo que sí averiguó Kelly fue que los Misterios de Eleusis encajaban con el papel emocional deseado, pero no quiso introducir un nombre griego en el esquema celta-sajón ya establecido. Como no pudo encontrar un nombre sajón, recurrió a las fuentes celtas vecinas. Kelly se fijó en el cuento de *Mabon ap Modron*, nombre que significa «hijo de la madre», algo que vio como un paralelismo temático con Kore, que significaba «hija de la madre». Encontró un vínculo espiritual en la diosa madre por excelencia a la que le roban a su hijo. Aunque para la festividad Kelly se inspiró espiritualmente en los Misterios de Eleusis, utilizó el nombre «Mabon» de los celtas para dar una coherencia al menos parcial a la denominación de los *sabbats*.

De forma resumida, el cuento de Mabon es el de un niño robado al que alejan de su madre para después encarcelarlo. Su liberación se convierte en el objetivo del héroe mítico Culhwch, que debe buscar a Mabon para que le ayude a cazar a un jabalí que antes fue rey con el fin de ganar la mano de Olwen en matrimonio. Como sugirió Kelly, existen paralelismos con el mito de Perséfone: «Mabon puede verse como un personaje que personifica el concepto paneuropeo del infante en exilio y su retorno. [...] Este mito es indicativo de la separación del dios juvenil de su madre, la gran diosa, y la consiguiente desolación de la tierra, que solo se restablece una vez que el joven dios se vuelve a unir a su madre» (Hughes, 73).

En el *Libro de Taliesin*, Mabon adopta un aspecto psicopómpico y se lo invoca por esas cualidades, lo que lo convierte de nuevo en un excelente representante del equinoccio de otoño: «Aquí se percibe a Maponos como un dios que atraviesa la voluble línea entre el inframundo y el mundo superior, el reino de la luz y la oscuridad; al tener acceso a ambos mundos, es útil para quienes requieren las cualidades de cualquiera de los dos estados. La fertilidad, el nacimiento y la muerte, en el caso de Mabon, son simplemente las caras opuestas de una misma moneda; todas necesarias» (Hughes, 74).

Aunque la literatura existente no relaciona de forma directa a Mabon con el equinoccio, Kelly cree que los celtas sí celebraban alguna fiesta durante el equinoccio de otoño, mencionando que el astrónomo *sir* Fred Hoyle lo determinó examinando Stonehenge. Hoyle descubrió que una serie de agujeros llamados Agujeros de Aubrey se alineaban con eclipses específicos, permitiendo que la luz los atravesara en el momento exacto del equinoccio. Dado que Stonehenge parecía servir como calendario predictivo, y que sin duda se alineaba con las fechas de los equinoccios y los solsticios, el descubrimiento de Hoyle apoyó la creencia de Kelly de que también existía cierto significado cultural de las fechas para los antiguos paganos de las Islas Británicas.

Aunque el mito heroico celta es, con mucho, el núcleo más popular de las celebraciones wiccanas, los *sabbats* tienen unos temas espirituales definidos, pero no están obligados a tomar como liturgia las historias de una cultura específica. Durante la celebración del Mabon se da las gracias por la cosecha y por los sacrificios realizados por los demás para asegurar la supervivencia. Varios mitos de muchas culturas comparten estos temas.

Los Misterios de Eleusis

Como ya se ha mencionado, Los Misterios de Eleusis consistía en un festival de la cosecha sagrado en la antigua Grecia. Aunque los arqueólogos y los historiadores han logrado reconstruir algunas de las prácticas del festival, gran parte de este sigue siendo un misterio, incluida la razón por la que tantos elementos de la celebración permanecieron en secreto. La influencia de estos Misterios se extendió por toda Europa; más de un erudito ha especulado con que las tradiciones paganas posteriores relacionadas con la cosecha tienen sus raíces en Eleusis.

La base de los Misterios era la historia de Deméter y Perséfone/Kore. En esta historia, Plutón se enamoró de Kore y la raptó de los campos donde jugaba para llevársela a su reino en el Hades. Cuando Deméter descubrió que su hija había desaparecido, la buscó por toda la Tierra. Cuando por fin recibió la noticia de que Plutón se había llevado a su hija, Deméter se negó a dejar que creciera nada en la Tierra. Zeus, al darse cuenta de que todo su pueblo moriría de hambre, iba a rendirse e insistir en que Plutón liberara a Perséfone. Por desgracia, Perséfone había ingerido seis semillas de una granada durante su estancia en el inframundo. Como había participado del alimento de los muertos, había pasado a formar parte de ese reino y, según las leyes de la naturaleza, no podía ascender al mundo de los vivos. Deméter se mantuvo firme, negándose a dejar que creciera nada más, y entonces Zeus, con la ayuda de su mensajero Hermes, negoció una liberación parcial para que Kore pudiera venir a la tierra cada primavera y regresar en otoño para gobernar a los muertos junto a su marido.

Aunque nadie conoce todos los acontecimientos que conspiraban en el festival de los Misterios de Eleusis, los eruditos disponen de fragmentos de información sobre las prácticas que se realizaban y saben que los griegos antiguos se lo tomaban muy en serio. El festival de los Misterios Mayores se celebraba una vez cada cuatro años en Eleusis y duraba nueve o diez días. Comenzaba siempre en la luna llena anterior al equinoccio de otoño, e incluía una procesión. Durante esta procesión, los campesinos transportaban un cesto sagrado en un carro consagrado mientras gritaban «¡Salve Deméter!». Se conjetura que los participantes en el festival sacrificaban una cerda preñada a Deméter.

Según Aidan Kelly, en el momento culminante del festival alguien colocaba a un niño ligeramente sedado en un columpio y lo empujaba a través de una hoguera gigante; el columpio volvía entonces con un carnero en el lugar que antes ocupaba el niño. En algún momento sonaba un *gong* y aparecía la sacerdotisa de Perséfone. Muchos de los símbolos conocidos de la tradición de los Misterios de Eleusis, como el grano y las semillas, son también símbolos en las tradiciones paganas modernas de la cosecha.

El Dios moribundo

La rama dorada de James Frazer, una obra antropológica de finales del siglo XIX, fue fuente de inspiración de gran parte de los movimientos espiritualistas a lo largo del siglo XX que, a su vez, influyeron en el desarrollo del paganismo moderno. Las tesis que planteaba el autor se convirtieron en la base del pensamiento mágico-religioso moderno, especialmente los pasajes que ahora se asocian con el Mabon.

La investigación de Frazer sobre el Rey Divino lo relaciona con la cosecha, la muerte y el sacrificio. Muchos paganos encuentran significados en los mitos de la cosecha y la muerte que son paralelos en todas las culturas. Dioniso, el dios del vino y guardián de los misterios de la uva, murió cuando su madre falleció embarazada de él, y fue rescatado en el último momento por su padre Zeus. Adonis, amante de Afrodita, murió cuando enfureció a Artemisa durante una cacería. Todos ellos son dioses abatidos como alegoría del ciclo de la cosecha.

En estos mitos, cada uno de estos dioses resucita estacionalmente, ya sea como ellos mismos o como una nueva forma que se originó en el dios del principio de la historia. Los cristo-wiccanos pueden identificar este tema de la cosecha de muerte y resurrección con la muerte y resurrección de Jesucristo. Algunos también pueden reconocer paralelismos entre Cristo, la mitología del dios moribundo y el dios babilónico Tammuz. Tammuz, mencionado en la Biblia, recorre un camino que guarda sorprendentes paralelismos tanto con los mitos de los dioses de la cosecha como con los relatos de Jesucristo. Tammuz murió en los campos de Babilonia, tuvo mujeres llorando ante su tumba como Cristo, y más tarde resucitó. Estas similitudes sugieren motivos espirituales que se relacionan con la Pascua cristiana. El propio cristianismo también tenía tradiciones mistéricas en torno a la vida y la muerte de Cristo, al igual que los paganos antiguos y modernos tienen tradiciones mistéricas en torno a la vida y la muerte mismas.

Las tradiciones mistéricas griegas transmitían los secretos de la cultivación y la conexión entre los alimentos y la mortalidad. Frazer dice de estas prácticas mistéricas:

> Seguían pensando que realizando ciertos ritos mágicos podían ayudar al dios que era el principio de la vida en su lucha contra el principio opuesto de la muerte. Imaginaban que podían reclutar sus energías debilitadas e incluso resucitarlo de entre los muertos.

En un nivel más sutil, los temas espirituales del Mabon también destacaban los sacrificios del líder. Cada año, una figura de liderazgo (el dios) debía morir para garantizar la supervivencia de su pueblo. Dado que el dios moribundo representaba al dios de la vegetación, esto solía interpretarse como el nivel más básico de la supervivencia. En la historia de Isis y Osiris, el relato fue más allá de la supervivencia literal hasta una supervivencia metafórica cuando Osiris fue despedazado por su enemigo, Set, y solo resucitó después de que Isis y los que eran leales a ella reconstruyeron su cuerpo. Sin

Osiris, la tierra no proporcionaba alimentos. Faltaba su energía como dios de la vegetación, así como su liderazgo, que mantenía a la gente animada durante las estaciones difíciles. Este tema del liderazgo también aparece en el relato del rey Arturo, en el de Dioniso y en el de Jesucristo. En cada relato, la figura del dios se sacrificaba a la tierra por su pueblo.

El Mabon es, debido a esta asociación inevitable con la muerte, una festividad de cosecha y duelo. Parte del proceso de sanación de ese duelo es contar con un líder que pueda proporcionar una inyección de moral al pueblo. Tras desaparecer el dios de la tierra, ese liderazgo recae entonces en la diosa de la tierra. Cuando el pueblo despide al dios moribundo, comienza el proceso que conduce al descenso de la diosa en el Samhain. Los antiguos griegos cantaban canciones de luto mientras segaban, en Egipto el segador cortaba las primeras gavillas antes de hacer una pausa para golpearse el pecho en señal de duelo, y en Alemania los campesinos solían asociar la época de la cosecha con la muerte. Los agricultores europeos preindustriales aún promulgaban algunos de estos rituales de duelo en sus labores agrícolas.

Chivos expiatorios rituales

La designación de un chivo expiatorio ritual era una práctica común en el mundo antiguo. Esta práctica, en la que una persona o un animal asumía los «pecados» de la población, representaba al dios moribundo que sacrificaba su vida por la tierra y su pueblo. Aunque no siempre ocurría en el equinoccio de otoño, los temas espirituales conectan a un nivel profundo con el *sabbat* moderno. Durante las Targelias, una celebración de la cosecha dedicada a Apolo, la comunidad conducía a un criminal por la ciudad. A las afueras de la ciudad, azotaban a esta persona. En ocasiones, los líderes de la ciudad ejecutaban al criminal; otras veces lo desterraban de la ciudad. Este ritual simbolizaba un acto de purificación para toda la comunidad. La expulsión de un criminal representaba la purificación del pueblo. Cuando se acercaba el invierno, algunos pueblos literalmente empujaban una cabra a través del núcleo urbano y luego la mataban en las afueras para limpiar la comunidad de todo mal. Expulsar al criminal o a la cabra servía para ahuyentar a las alimañas de los cultivos. Los antiguos agricultores griegos sacrificaban jabalís como medio para mantener a las plagas (¡los jabalís!) alejadas de los cultivos.

Aunque el chivo expiatorio no es una práctica ritual pagana deliberada, el simbolismo de una persona sacrificada y de las plagas expulsadas es paralelo al significado espiritual del Mabon. Vemos una figura masculina que acoge una fuerza destructiva y luego la expulsa para garantizar la supervivencia de la comunidad.

John Barleycorn

John Barleycorn es una canción popular británica que enseña (con humor negro) el proceso de la cosecha del grano de cereal. El propio Barleycorn simboliza la vegetación cosechada. Actúa como símbolo del dios moribundo y como chivo expiatorio ritual al mismo tiempo. La cancioncilla, en su tono solemne pero juguetón, habla de la naturaleza sacrificial de la cosecha. Puede señalar la transición que algunas sociedades hicieron de la práctica real a la metafórica del chivo expiatorio, cuando las efigies se convirtieron en sacrificios razonables en sí mismas. El estribillo, «John Barleycorn debe morir», deja claro que este personaje debe dar su vida y su sangre a la tierra para que esta tenga algo que devolver cuando llegue la primavera. Esta canción popular establece un claro vínculo entre el sacrificio, ya sea literal o simbólico, y la fertilización de la tierra.

Cosecha en Casa

Harvest Home (Cosecha en Casa) es el nombre inglés de la fiesta de la cosecha que se celebraba cerca del equinoccio de otoño en toda Europa. Algunos antiguos paganos también se referían a esta época como la Recolección. Muchas de estas tradiciones procedían de antiguos rituales paganos de fertilidad; con el tiempo, la Iglesia gobernante dedicó los rituales a santos cristianos en lugar de a los dioses paganos originales.

Otros elementos de estas tradiciones de la cosecha tienen raíces no solo en el paganismo, sino en las tradiciones feudales, cuando los labradores eran siervos cuyas vidas estaban atadas desde su nacimiento a la tierra que cultivaban. La cosecha era una temporada de trabajo intensivo, posiblemente el trabajo más duro del año. En consecuencia, la fiesta era una combinación de trabajo y juego, con mucha alegría para compensar la gravedad y trascendencia de la preparación para el invierno. La *Harvest Home* era más que una fiesta para los segadores; pueblos enteros decoraban las puertas con coronas, y los aldeanos colgaban los frutos de la cosecha de los arcos de todo el pueblo.

Los rituales en forma de juegos formaban una parte muy importante del proceso de siega, especialmente cuando se recogían las últimas gavillas. Estos juegos abordaban la creencia de los segadores en un espíritu inmanente que vivía en el maíz; en algunas zonas se veía a este espíritu como benévolo, mientras que en otras lo temían. En Baviera, la gente creía que la madre del maíz castigaba a los agricultores por sus pecados con malas cosechas. En Alemania, los segadores a veces golpeaban la cosecha con un mayal (una cadena atada a un palo) para «ahuyentar al lobo», expulsando así a los espíritus malignos de los campos antes de la siega. La recogida de estas gavillas hablaba a menudo de los sentimientos de esa cultura hacia el espíritu del maíz.

La última gavilla

Multitud de tradiciones rodean la recogida de la última gavilla. Que recogerla representara buena o mala suerte dependía de la cultura concreta de ese segador. A menudo, su recogida se convertía en un juego. En un juego llamado «llorar la yegua», los segadores se turnaban para lanzar hoces a las últimas gavillas. La persona que derribaba la última lanzaba un grito ritual de «la tengo». La gavilla también tenía a menudo un apodo local con el nombre de uno de los animales que los antiguos paganos utilizaban en las ofrendas de sacrificio. Así, la última gavilla podía llamarse el buey (Alemania), la liebre (Francia), el gato (norte de Alemania) o el toro (República Checa). En algunos lugares llamaban a la última gavilla «la muerta». A veces, en un acto que recordaba a las prácticas del chivo expiatorio, se soltaba en los campos o se escondía bajo las últimas gavillas cortadas un animal, como un gallo, una yegua o una oveja. A veces, la persona que lo atrapaba se lo quedaba como premio. En algunos lugares de Europa, los segadores y agricultores descuartizaban al animal en los campos y luego servían su carne en la fiesta del final de la cosecha (Hastings, 521).

Muñecos de maíz

La palabra inglesa *corn* («maíz») se refería en realidad a todo tipo de grano, no solo al cultivo del maíz que todos conocemos. Por ello, el término «muñeco de maíz» designaba a una figura fabricada con grano (generalmente trigo, pero también centeno, mijo, avena e incluso el propio maíz). En las Islas Británicas, el nombre más común era *corn dolly* (muñeco de maíz), pero también tenía nombres como *mell-sheaf* (que se refería a la última gavilla), *kern baby* («bebé de maíz»), *ivy girl* («chica de hiedra») o *carline* (carlina). Existen evidencias de que esta tradición no tiene su origen en Europa. El Museo Egipcio Rosacruz de San José, en California, tiene un muñeco de maíz que los arqueólogos recuperaron del antiguo Egipto.

Estos muñecos ocupaban un lugar central en las tradiciones del final de la cosecha. Las figuras eran masculinas o femeninas según las tradiciones de la región; incluso la edad prevista de la muñeca reflejaba cómo veía la gente al espíritu de la cosecha. La gente decoraba estas gavillas con cintas, otras plantas de la cosecha y frutas. A veces, las muñecas procedían de la primera gavilla, cortada de forma ceremonial al comienzo de la cosecha, generalmente por una joven apodada como la «Reina de la Cosecha» o por el segador elegido como el «Señor de la Cosecha»; otras veces se hacían con la última gavilla cortada. Los habitantes de algunas localidades alimentaban simbólicamente a estas muñecas y a menudo las sentaban en lugares de honor durante las fiestas para después retirarlas a la casa del agricultor hasta el año siguiente, cuando este las quemaba de forma ceremonial. En la isla de Man, por ejemplo, los labradores hacían una efigie con trigo, la decoraban con cintas y la paseaban por los campos. Una niña, normalmente la más joven de la comunidad, dirigía la procesión mientras portaba la efigie. En otros lugares, el muñeco de maíz se cargaba en un carro y lo seguían músicos que tocaban gaitas y tambores; a menudo, los que seguían la procesión cantaban canciones de la cosecha o vitoreaban al paso de la carretilla. «Hip, hip, ¡hurra!» era uno de los vítores de cosecha más comunes. Por lo general, el granjero guardaba el muñeco encima de una chimenea o en un granero hasta el año siguiente.

El negocio de la cosecha

El tiempo de la cosecha era también el momento cuando los jornaleros negociaban sus salarios y rentas con los terratenientes. Al comienzo de la cosecha, los jornaleros celebraban una cena llamada la Fiesta de la Recolección. En esta fiesta nombraban a uno de los suyos como «Señor de la Cosecha». Este hombre actuaba como representante de los trabajadores ante el señor de las tierras, el terrateniente que les pagaba por su trabajo en la cosecha (Warren, 216).

El señor de la cosecha gozaba de ciertos honores; cortaba las primeras plantas y era el primero en comer y beber en su fiesta electoral. Los segadores también solían elegir a un segundo al mando para que trabajara con él, un hombre que ostentaba el título jocoso de «Señora de la Cosecha». El Señor de la Cosecha negociaba los salarios de todos los trabajadores, y la Señora de la Cosecha actuaba como líder en los campos cuando el señor iba a hacer esas negociaciones.

Los segadores celebraban la elección con cerveza y un juego de beber. Alguien entregaba a la «señora» un cuerno para beber que después esta pasaba al «señor». Después de que este pidiera buenos deseos y bebiera, la «señora» cogía el cuerno y hacía un brindis. Entonces, el resto de los segadores bebía. Cada vez que una persona bebía fuera de orden, tenía que pagar una multa. Con ese dinero se pagaba una fiesta posterior (o continuada) en una cervecería cercana. El objetivo de este tipo particular de fiesta, llamada *scotale*, era beber cerveza. La Iglesia no aprobaba esta práctica.

Fiesta de la Cosecha en Casa

La Cosecha en Casa, la fiesta que tenía lugar después de que los segadores cortaran la última gavilla, tenía diferentes nombres y apodos en toda Gran Bretaña. Algunos la llamaban la Fiesta de la Recolección, otros *mell-supper*, algunos simplemente la llamaban *horkey* o *scotale*, igual que la fiesta electoral de los segadores (Warren, 216). En esta fiesta, los terratenientes se sentaban con los que trabajaban sus tierras. Esta cena concluía todas las negociaciones salariales del año; y esto también la convertía en una fiesta del pueblo, ya que la mayoría de los aldeanos eran trabajadores de las tierras del señor.

La cena en sí tenía muchas tradiciones locales a su alrededor que determinaban desde lo que la gente comía hasta los juegos y los bailes que se celebraban después del banquete. Normalmente, el muñeco de maíz se sentaba en el centro de la mesa (o la presidía, si el evento era grande). En Inglaterra, a veces dos hombres se disfrazaban de cerda negra y pellizcaban o pinchaban a los invitados al azar en el festín. Otras veces, el jefe de los segadores salía del festín y volvía vestido de «señor»; entonces recogía dinero de los demás segadores para que pudieran ir de nuevo a una cervecería a una fiesta posterior a la cosecha. Los juegos a menudo incluían peleas de gallos, captura de cerdos y lucha libre.

Cuando la Iglesia cristiana se hizo dominante en Europa, las fiestas de la Cosecha en Casa mantuvieron su sabor pagano pero adoptaron nombres de santos cristianos. Así, se convirtieron en tres fiestas distintas que convergían cerca del equinoccio de otoño: la Fiesta de la Natividad de Santa María (8 de septiembre), la Fiesta de San Miguel (conocida en el mundo anglosajón como *Michaelmas*, el 29 de septiembre) y la Fiesta de San Martín (conocida como *Martinmas*, 11 de noviembre). La Fiesta de San Miguel conservó las tradiciones con mayor relación con la celebración original.

San Miguel

La primera celebración conocida de San Miguel, o *Michaelmas*, tuvo lugar en 1011 (Gomme, 270). Llamada así por el arcángel Miguel, el 29 de septiembre se convirtió tanto en una fiesta de la cosecha como en un momento de hacer balance, contratar ayuda y saldar deudas. Los ingleses llamaban a estos días de liquidación financiera «*quarter days*» (días trimestrales o de los cuartos), ya que tenían lugar cuatro veces al año. Alrededor de San Miguel, las familias decidían qué animales conservar durante el invierno y cuántos vender o sacrificar. Pensada como sustituta de la Cosecha en Casa, la celebración de San Miguel señalaba el punto cercano al final de la temporada de siega y concluía con una cena para terratenientes y arrendatarios. Estas cenas brindaban a los terratenientes la oportunidad de cobrar sus rentas de temporada.

Los inquilinos del siglo XVI obsequiaban a los propietarios con un ganso en San Miguel, además del pago de sus rentas trimestrales. Comer un ganso asado se convirtió en una tradición clave de San Miguel que con el tiempo se trasladó a la Navidad. En aquella época, el ganado constituía el pago del alquiler; las cuentas saldadas ese día eran especialmente significativas, ya que los resultados de la cosecha podían determinar si una familia dispondría de un hogar durante la estación fría. Un dicho de las Islas Británicas que delataba la importancia de esta festividad era «Come un ganso el día de San Miguel y no te faltará dinero en todo el año».

Los escoceses servían *bannock* en San Miguel, un pastel con una textura parecida a la de un bizcocho hecho con granos de cereal y cocido después en una piel de cordero. En Irlanda, algunos horneaban un anillo dentro de un pastel que se comía en la cena de San Miguel. La persona que encontraba el anillo debía casarse al año siguiente. Los irlandeses también consideraban la fiesta de San Miguel un día excelente para pescar, ¡quizás porque era el último día bueno para hacerlo en el año!

Después de que el protestantismo se extendiera por Inglaterra, muchas iglesias sustituyeron San Miguel por el Festival de la Cosecha, una Cosecha en Casa renovada.

Los mitos sobre dioses que mueren y regresan ponen de relieve la conexión espiritual entre los Misterios de Eleusis, la Cosecha en Casa, San Miguel y el Mabon. La cosecha debe terminar con la muerte, y la supervivencia necesita un plan. El agricultor nutre, alimenta y cultiva el grano, creando así un vínculo de supervivencia con la planta. Cuando llega el momento de la cosecha, esa relación termina. Al igual que gira la Rueda del Año, el final del Mabon señala el más crudo de los comienzos del invierno y, a medida que cada día del otoño se desvanece, todos miramos hacia el frío, preguntándonos qué más perderemos ante la oscuridad que se avecina.

LAS TRADICIONES MODERNAS

un – purification, prosperity, the mysteries of autumn equ
stors, echinacea – healing, strengthening hyssop – purificati
n, patience, loyalty, eternal life, concentration, love myrrh –
rification, protection, spirituality Solomon's seal – exorc
purification, connecting to ancestors, connecting to land ya
– protection, luck, health, money, fertility, Pine – healing
rotection, prosperity, health, the sea Maple – love, friend
prosperity, healing, prosperity, sleep Flowers carnation –
igold – protection, healing sunflower – purity, optimism
o stones specifically associated with Mabon. However, sto
sun dials are appropriate to this holiday. Animals, totem
ng animals in the Mabinogion that helped lead Arthur's
world the Blackbird – one of the guiding animals in the
rity, men to Mabon; brings messages of other worlds to th
the guiding animals in the Mabinogion that helped lead
iting and wisdom the Eagle – one of the guiding animals
Arthur's men to Mabon; associated with wisdom, insig
on – one of the guiding animals in the Mabinogion that
n of knowledge and past and future the Goose – goose re

El equinoccio, con su intercambio de la luz por la oscuridad, despierta fuertes emociones de pérdida a medida que pasa la tranquilidad del verano. Mientras que las celebraciones de la cosecha y el equinoccio han cambiado entre la gente moderna, especialmente para los paganos, el significado central sigue siendo el mismo: la vida es algo muy preciado, y tenemos suerte de poder sustentarla.

El Mabon, debido a sus fundamentos espirituales, también debe reconocer los valores seculares compartidos para poder experimentar el alcance más trascendente de este momento de la Rueda del Año.

Otras celebraciones otoñales paganas

Algunas tradiciones paganas celebran el Mabon, pero otras celebran otras fiestas en el equinoccio de otoño. Algunas, especialmente las confesiones reconstruccionistas celtas, solo festejan los cuatro festivales del fuego principales (Samhain, Imbolc, Beltane y Lughnasadh) y no hacen nada específico para el Mabon. El otoño es también la época de la mayor celebración panpagana (que significa «de todos los paganos») del mundo: el Orgullo Pagano.

En este evento, los paganos de todo el mundo se reúnen para celebrar rituales públicos y llevar a cabo una recogida de alimentos. Su propósito es educar al público sobre las distintas religiones paganas y reducir así la discriminación que sufren sus practicantes. Cada celebración difiere un poco: algunas se organizan como una feria callejera, otras como una pequeña convención, y otras simplemente organizan un pícnic e invitan al público. Los paganos que participan en el Orgullo Pagano suelen ver el acontecimiento como una especie de reunión comunitaria y una oportunidad para relacionarse con quienes están fuera de sus círculos espirituales más cercanos. El público está invitado y se le anima a hablar con los paganos sobre sus creencias y prácticas.

El Orgullo Pagano tomó prestado su nombre directamente del movimiento del Orgullo LGBT+. Ambos movimientos celebran que los individuos elijan con franqueza quiénes son en lugar de esconderse para protegerse de las sensibilidades de la sociedad, aunque nadie sabe con exactitud cuándo tuvo lugar el primer acto del Orgullo Pagano. El proyecto oficial del Orgullo Pagano surgió del trabajo de Cecylena Dewr con la Liga de Concienciación Pagana en 1997. Dewr propuso tres elementos para el proyecto: primero, que en cada lugar que pudiera reunir suficientes paganos se organizara un evento con al menos un ritual abierto al público, tanto pagano como no pagano. Segundo, que en el evento del Orgullo se llevara a cabo una recogida de alimentos en honor del Mabon y otras fiestas de Acción de Gracias de la temporada otoñal, la cual sirviera para recordar a los paganos sus responsabilidades con la ciudad, el Estado y el país. En tercer lugar, que los organizadores invitaran a la prensa para que pudieran ver algunos retratos positivos del paganismo fuera de la temporada de Halloween. En 1998, el mundo vio el primer Proyecto de Orgullo Pagano internacional, en el que participaron diecisiete comunidades de Estados Unidos y una comunidad de Canadá. Contó con una asistencia total de unas novecientas personas. En 2000, el Orgullo Pagano obtuvo cobertura del *New York Times*, celebró sus primeros actos en Roma, Gran Bretaña y Brasil, y donó casi 4000 kilos de alimentos (y varios miles de dólares) a organizaciones benéficas. En 2005, el Proyecto del Orgullo Pagano contaba con más de cuarenta mil asistentes en todo el mundo. Aunque la organización del Orgullo Pagano Internacional ha dejado de hacer un seguimiento de sus datos, las celebraciones en torno al Mabon continúan cada año.

Druidismo

Los druidas modernos celebran el equinoccio de otoño, al que llaman *Alban Elfed,* que significa «la Luz del Agua». Es una época en la que los druidas celebran que la oscuridad consume más tiempo que la luz. Honran el equinoccio como un momento para dar las gracias a la Madre (su concepto de la divinidad femenina) por su abundancia, que se manifiesta en la cosecha.

Paganos helénicos

Los helénicos modernos (personas dedicadas a reconstruir la antigua religión griega) celebran el *Boedromion*, que se traduce del griego como «septiembre». Comienza al atardecer de la primera luna nueva de septiembre y honra a diferentes dioses de la cosecha durante los nueve días siguientes, lo que recuerda al festival de Eleusis. Cada día, los helenistas hacen ofrendas y libaciones a estos dioses en agradecimiento por una cosecha abundante.

Paganismo nórdico

La gente de tradiciones paganas nórdicas llama al equinoccio de otoño «Hallazgo Invernal». En el equinoccio organizan una celebración en la que hacen ofrendas al dios Odín y a otros de su panteón con cerveza y pan. Tras compartir una comida, todos los presentes se pasan un cuerno para beber y pronuncian jactancias, juran votos u honran a sus antepasados cuando el cuerno les llega.

Brujería tradicional

Las brujas tradicionales son aquellas que practican las formas de brujería que prevalecían en el Reino Unido antes de la llegada de Gerald Gardner. A veces se autodenominan practicantes del *Craft,* es decir, el Arte. Otras se identifican como *Hedge Witches* o *Hedge Walkers* (Brujas del Seto o Caminantes del Seto, en referencia a las brujas antiguas que vivían más allá de los límites de la aldea, es decir, al otro lado del seto). Estas personas utilizan métodos chamánicos y una profunda conexión con la naturaleza para practicar la magia y sentir la Divinidad. La mayoría celebra el cambio de las estaciones y las fiestas como corresponde a la región en la que viven. Las que viven en zonas templadas pueden tener sus propias prácticas privadas para celebrar el equinoccio de otoño.

Neopaganos

Los neopaganos son paganos que se consideran politeístas modernos pero prefieren no afiliarse a una forma organizada como la Wicca. A menudo celebran el Mabon como un día de equilibrio personal, diseñando sus propios rituales o simplemente honrando el cambio de estación a través de sus prácticas de vida cotidianas.

Brujería ecléctica

Las brujas eclécticas son neopaganas que beben de múltiples tradiciones y orígenes para crear sus propias prácticas. Si el Mabon como equinoccio de otoño les resulta significativo, lo celebrarán, a menudo utilizando rituales que han diseñado basándose en su propia experiencia espiritual y en su asociación con la temporada de la cosecha.

Paganos celtas

Algunos paganos celtas también llaman «fiesta de Avalon» al equinoccio de otoño. *Avalon* se traduce como «tierra de las manzanas» en inglés moderno, y a menudo la cosecha de manzanas tiene lugar por estas fechas (Springwolf).

Stregheria

La brujería italiana llama al equinoccio de otoño el *Equinozio di Autunno*. Esta fiesta menor honra a la tierra. En su propio ciclo de los *sabbats* (*treguenda*), el Señor de la Luz se convierte en el Señor de las Sombras, y el dios Jano muere y parte hacia el inframundo.

Festivales de la cosecha modernos

Muchos festivales de la cosecha son ahora tanto seculares como espirituales, y celebran tanto el patrimonio como la comunidad. En la actualidad cultiva menos gente, y en cierto modo eso realza el misterio. Ahora debemos hacer un esfuerzo por apreciar los alimentos y aprender de dónde vienen, por lo que requiere de una especial vocación espiritual.

Festival de la cosecha en el Reino Unido

El Reino Unido ha sustituido la Cosecha en Casa por el Festival de la cosecha. Esta fiesta tiene lugar el domingo más próximo a la luna llena anterior al equinoccio de otoño. Los fieles decoran las iglesias con cornucopias, coronas y cestas, y los feligreses dan gracias por la abundancia. Los granjeros de la zona traen cestas llenas de productos que los sacerdotes locales bendicen. Tras los servicios, los miembros de la iglesia distribuyen las cestas de alimentos entre los miembros empobrecidos de la comunidad y se suele ofrecer una celebración para todo el pueblo que incluye antiguos juegos de la fiesta de la Cosecha en Casa.

Dozynki

El Dozynki es la tradición polaca viva de la Cosecha en Casa. Las raíces eslavas paganas y feudales sobreviven bajo la fachada católica. En la época medieval, el terrateniente organizaba un banquete en el Dozynki para recompensar a sus jornaleros por su agotador trabajo durante toda la temporada.

En el siglo XXI, los polacos celebran el Dozynki en cualquier momento entre mediados de septiembre y finales de octubre. Las celebraciones suelen incluir una misa por el festival de la cosecha, a veces celebrada al aire libre, seguida de una procesión, ya sea de alguien que represente al antiguo «señor de las tierras» o de dos mujeres destacadas por su competencia en el trabajo de la cosecha. La iglesia se adorna con cestas de cosecha y artesanías elaboradas con los cereales recolectados.

El canto y la procesión son una parte importante de la celebración del Dozynki; la muchacha que más haya destacado en los trabajos de la cosecha encabeza esta procesión y lleva guirnaldas tejidas con grano y decoradas con flores silvestres, manzanas y bayas de fresno. La muchacha o la mujer presenta a los señores y señoras prominentes del señorío la corona que lleva en la cabeza, la cual guardará, tras la fiesta, en un lugar de honor en su casa. A continuación, la persona que representa al señor de las tierras comparte un trago de vodka con el cosechador varón de más edad, brinda por todo el grupo y le invita a un banquete que tendrá lugar en su tierra.

Erntedankenfest

El Erntedankfest engloba una serie de festivales que se celebran por toda la Alemania rural. El Erntedanktag, como la Cosecha en Casa o el Festival de la cosecha, incluye un servicio religioso en el que se exhiben cestas con una representación de los frutos de la cosecha local que después se destinan a los pobres. Tras los servicios, las celebraciones cívicas incluyen procesiones, desfiles y una mezcla de tradiciones de raíz pagana que van desde efigies hechas de maíz hasta bestias de carga decoradas.

Oktoberfest

El Oktoberfest tiene orígenes puramente cívicos. Iniciado el 12 de octubre de 1810 para celebrar la boda real de los príncipes Luis y Teresa de Sajonia-Hildburghausen, esta fiesta de dieciséis días ha durado más de doscientos años. Se ha trasladado a septiembre para que haga mejor tiempo y se ha convertido en una especie de celebración mundial en la que se sirve cerveza.

En 1811, Alemania añadió las carreras de caballos al festival para dar a conocer la agricultura regional. En la actualidad, la fiesta de Múnich alberga puestos de cerveza, atracciones de feria y un próspero comercio ferial anual. Aunque tal vez no sea una fiesta de la cosecha consciente, el Oktoberfest celebra aspectos específicos de la agricultura como lo hace el Mabon en el contexto pagano.

Fiestas judías en septiembre

Septiembre es una época especialmente sagrada para la fe judía, en la que cada semana hay un día de importancia espiritual, muchos de los cuales comparten significados espirituales similares con el Mabon. Mientras que los antiguos judíos basaban sus calendarios en la luna nueva, las fiestas judías modernas siguen un calendario judío específico que difiere del calendario cívico popular.

Rosh Hashaná

El Rosh Hashaná es el Año Nuevo judío. Da comienzo a un periodo de diez días de reflexión, meditación, intercambio y arrepentimiento. Esta festividad puede incluir hacer sonar el *shofar* (un instrumento hecho con el cuerno de un animal *kosher*), comer *challah* (un pan trenzado) y compartir manzanas y miel para representar un deseado año nuevo dulce. Las manzanas, la miel y el pan son también desde hace mucho tiempo símbolos de la cosecha honrados por los paganos antiguos y modernos.

Yom Kippur

El Yom Kippur, el día sagrado más importante del año para la fe judía, tiene lugar una semana después del Rosh Hashaná. En este día, los judíos buscan a aquellos contra los que han pecado y hacen enmiendas. El individuo debe determinar la mejor manera de hacerlo por sí mismo. También es el momento de perdonar a los demás. Para los paganos que meditan sobre la estación que pasa de la luz a la oscuridad, esta práctica tiene fuertes paralelismos espirituales. Aunque muchos paganos no definen el pecado según las mismas categorías que los monoteístas, la mayoría otorgan fuertes valores a la responsabilidad personal, incluido el sentido del deber de arreglar las cosas cuando se ha hecho daño a alguien.

La Fiesta del Tabernáculo (Sucot)

De las fiestas judías de septiembre, es la del Sucot la que tiene una mayor conexión con el Mabon, ya que festeja expresamente la cosecha de otoño. Celebrada siempre cinco días después del Yom Kippur, esta fiesta conmemora los cuarenta años que las tribus judías vagaron por el desierto. Su significado y orden literal es «regocijaos». Otro nombre para esta fiesta es Chag HaAsif, que significa «Fiesta de la Recolección».

Simjat Torá y Sh'mini Atzerat

Inmediatamente después del Sucot, los judíos celebran la finalización de la lectura anual de la Torá. Los rollos de la Torá se sacan del arca que los guarda y la gente baila a su alrededor o los lleva en procesión siete veces. Esta celebración concluye con la lectura de la Torá, y así se completan las celebraciones que marcan la naturaleza cíclica de la fe judía.

Acción de Gracias

El Día de Acción de Gracias es descendiente de las fiestas de la Cosecha en Casa. Parece probable que los emigrados recrearan la fiesta del Festival de la Cosecha que se convirtió en el Día de Acción de Gracias estadounidense. Aunque no es un día de fiesta universal, Canadá, Liberia y Granada también celebran alguna forma de Acción de Gracias. El Día de Acción de Gracias de Canadá, en octubre, es un fin de semana largo similar al Día del Trabajo estadounidense. Liberia celebra el Día de Acción de Gracias el primer jueves de noviembre; es una fiesta mixta-religiosa que se celebra con alimentos autóctonos del país. Granada celebra un Día de Acción de Gracias expresamente para agradecer a los militares estadounidenses que intervinieron durante un sangriento golpe militar en 1983. Solo los Días de Acción de Gracias de EE.UU. y Liberia tienen una relación directa con los resultados de la cosecha.

Actividades sugeridas

El Mabon es al mismo tiempo festivo y solemne. También tiene lugar en una de las épocas más ajetreadas del año para muchas personas. Con temas como la gratitud, la muerte, el duelo y el inminente invierno, es un momento para reconocer nuestros sentimientos encontrados y hacer todo lo posible por cuidar de nuestro equilibrio interior. Es importante tomarnos un tiempo para escucharnos a nosotros mismos y escuchar a la Divinidad en estas fases de la vida repletas de acción. También es un acto espiritual, como lo es la cosecha, dedicarse a la organización de nuevas rutinas para que la vida fluya con más facilidad en la estación fría.

Prepárate para el invierno

Incluso la acción más trivial puede convertirse en espiritual si se realiza con cierta intencionalidad. Por ello, el Mabon puede ser un día para organizarse en el sentido espiritual. Puede que desees realizar actividades prácticas de preparación para el invierno: plantar bulbos para que florezcan en primavera, preparar la casa para el invierno o incluso repasar tus calendarios y listas de tareas para asegurarte de que conseguirás realizar todo lo que te has propuesto.

Mientras estés fuera plantando o cosechando tu huerto, puedes rezar una oración o cantar, como hacían los segadores cuando salían al campo. Celebra tu cosecha y canta a la tierra.

Una oración sugerida para plantar bulbos en otoño es:

ORACIÓN DE LA SEMILLA
Siembro las semillas en la tierra.
Envío amor;
envío anhelo.
Se llena, crece,
se estira hacia arriba,
hacia el calor,
hasta que llega el momento
de brotar del suelo
para después bailar
la danza de la vida.

Además de preparar tu hogar de forma práctica, tal vez quieras barrer el desorden de tu casa para hacer sitio a los frutos de la nueva cosecha.

Negociar

Septiembre era una época de negociación de contratos y acuerdos para los cosechadores de antaño. Toma ejemplo de ellos. ¿Tienes algo que resolver con una compañía de tarjetas de crédito, el casero o alguna persona de servicio? Aprovecha esta época para llegar a un acuerdo amistoso. Lee sobre tácticas de negociación y pide una mejora de tus condiciones. Conéctate a tus cuentas y revisa tus facturas para ver dónde puedes conseguir algunas rebajas, como, por ejemplo, impositivas o en el seguro.

Enlatar, congelar, encurtir y secar

La temporada de recolección suele coincidir con la de la caza en las zonas templadas. Para quienes tienen familias de cazadores y grandes huertos, es probable que esta actividad habitual se remonte a varias generaciones. Tómate un fin de semana para conservar los productos de tu huerto para el invierno. Si deseas secar tus propios alimentos, busca un deshidratador en una tienda local de segunda mano. Se suelen encontrar instrucciones para enlatar y encurtir en los libros de cocina. La preparación para la congelación depende de lo que vayas a congelar; las distintas frutas y verduras requieren tratamientos diferentes. En Internet encontrarás mucha información sobre todas las formas de conservación de alimentos.

Salir al exterior

Si vives en un clima templado, probablemente ya sabrás lo preciado que es el otoño. ¡Cada día se acerca un poco más al invierno! En consecuencia, ¡es una buena idea pasar tanto tiempo al aire libre como sea posible! Si puedes, sal a pasear por el bosque. Disfruta del follaje otoñal y observa cómo actúan los animales preparándose para esta época. Tal vez podrías coger una guía de la naturaleza y practicar la identificación de plantas a estas alturas de la temporada. Si vives en una zona urbana, consulta con el departamento de parques. La mayoría de las ciudades tienen algún terreno arbolado reservado para el uso público. Si no hay ninguno, busca en una guía de parques estatales cuál es el más cercano y disfruta de un pícnic entre los árboles.

Ver la puesta de sol

El sol es especialmente preciado durante el otoño a medida que la tierra se oscurece cada día más. Consulta el periódico local o una buena fuente meteorológica para obtener la hora de la puesta de sol y pasa una semana sentándote al aire libre, observando cómo se pone. Tal vez desees entonar una canción o cántico mientras lo haces.

CÁNTICO DE LA PUESTA DE SOL
Sol menguante, siento cómo te enfrías;
día menguante, veo cómo te oscureces;

El enfriador y oscurecedor invierno se presenta
a medida que el sol se va apagando.

Ver el amanecer

A veces, encontrar tiempo al atardecer no es una posibilidad. El momento más tranquilo del día para la mayoría de la gente suele ser temprano por la mañana. Si puedes, levántate media hora antes de que salga el sol y observa su avance hacia el cielo. Puedes hacer esto todos los días hasta el próximo solsticio, profundizando así tu conexión con la mitad oscura del ciclo de luz de la Tierra. De nuevo, puede que desees entonar una canción o un cántico para el sol mientras lo ves salir.

CANTO DEL AMANECER
Salve, sol, tu luz y tu arco,
¡luchad de nuevo contra la oscuridad!

Honrar la luna de la cosecha

En Europa, los diferentes pueblos celebraban la Luna de la Cosecha en momentos distintos. Algunos la consideraban como la luna nueva de septiembre, otros como la luna llena de agosto y otros como la luna llena de septiembre. Los escoceses apodaban a la Luna de la Cosecha «la Luna Amarilla del Tejón», porque era el momento en que los pequeños mamíferos recogían las provisiones para el invierno. También la llamaban a veces «la Luna del Cazador», ya que era el momento de cazar animales salvajes para conseguir provisiones para el invierno. Puedes crear tu propio ritual lunar de acuerdo con uno de estos apodos. También podrías participar en una tradición adivinatoria escocesa, en la que hombres y mujeres jóvenes reunían fardos de grano y los rellenaban con guisantes y judías de sus huertos, y luego los quemaban. Cuando el fuego quedaba reducido a brasas incandescentes, alguien escondía un grano o una semilla entre las brasas:

se pensaba que la persona que localizaba la semilla se había asegurado el amor de su futuro cónyuge.

Organizar una barbacoa

Compartir la comida es una actividad clave de una celebración de la cosecha. Invita a otros paganos con ideas afines a tu propia cena de Mabon, o invita a tus vecinos y disfruta simplemente del espíritu de compartir. Sirve comida propia de la tierra en la que vives. En zonas templadas, esto puede ser trigo en forma de pan, mazorcas de maíz o verduras frescas. Si estás más cerca del ecuador y comes carne, sirve animales que críen los granjeros locales como pollo, cordero o ganso. Si no dispones de los recursos necesarios para hacer una barbacoa, puedes invitar a la gente a una comida compartida. Elabora una lista de platos recomendados para que los preparen tus invitados, con la norma de que todos los participantes puedan consumir todos los ingredientes que contengan las elaboraciones.

Frutos secos asados

La víspera del 14 de septiembre, conocida como *Roodmas* o *Fe'ill Roi'd*, era apodada como la «Noche de los Frutos Secos». Ese día, los niños iban a recoger frutos secos para comerlos. La palabra *rood* se refería tanto a la cruz cristiana como a la época de celo del ciervo (Campbell, 280).

Ir a recoger manzanas

Puedes iniciar una tradición otoñal de ir a visitar un huerto de manzanas. Aunque la mayoría de la gente va a los huertos a recoger manzanas para sus propios enlatados y conservas, algunos de estos lugares ofrecen otros entretenimientos. Por ejemplo, algunos tienen cañones de manzanas que permiten a los visitantes disparar una manzana o una patata a un blanco, otros ofrecen paseos en carros de heno, y algunas granjas también han comenzado a producir vinos locales. Después, puedes hacer un ritual doméstico para preparar mantequilla de manzana, hacer tartas o secar manzanas para la próxima temporada.

Ir a catas de vino o cerveza

La fiesta de Dionisio tiene sus propios misterios de la vendimia, así que si puedes hacerlo sin peligro, ¡participa! A medida que proliferan los viñedos locales en Estados Unidos, son más los que organizan eventos otoñales en los que invitan al público a que vayan a degustar la cosecha de la temporada. A medida que crece el movimiento de la cerveza artesanal, también hay más pequeñas cervecerías que invitan a la gente a sus destilerías para realizar visitas guiadas. El vino y la cerveza son bebidas sagradas en más de un panteón pagano, y el Mabon es un gran momento para celebrar la labor tradicional y el esfuerzo que se necesita para elaborarlos.

Hacer una hoguera

La mayoría de las fiestas de la cosecha concluyen con una hoguera. Asegúrate de consultar en tu ciudad las restricciones legales sobre incendios en tu zona; ¡esta es una actividad que tendrás que saltarte si vives en una zona de fuertes sequías! Si te dan el visto bueno, recoge ramitas, ramas y restos del huerto para encender una hoguera. Pásalo en grande asando objetos en palos sobre el fuego, meditando frente a las llamas o bailando a su alrededor mientras cantas o entonas cánticos. Quizás podrías distribuir bebidas entre los que estén contigo y organizar un juego de brindis: brindad por la salud de los anfitriones del fuego, por la prosperidad de todos, y después por la buena salud de todos. También es un buen momento para contar historias. Pueden resultar especialmente apropiadas las historias sobre hadas del viejo mundo, como los *pookas*, o los cuentos del rey Arturo.

Ir a bailar

Muchas cenas de cosecha concluían con un baile. Hoy en día, puedes convertir esto en algo moderno y hacer que todos vayáis a vuestro club favorito después de la cena, o puedes hacer algo más tradicional intentando recrear los *reels* irlandeses o quizás viendo una actuación de una compañía de bailarines Morris. Las personas familiarizadas con el Hombre en Llamas, quizá quieran probar el «baile en trance» y poner música en un lugar seguro para bailar entrando y saliendo de un estado alterado. La cosecha era un momento de expresión de alivio, ¡y bailar puede ser bastante catártico!

Hacer un muñeco de maíz

Puedes celebrar esta temporada con una efigie del espíritu vegetativo, como hacían tus antepasados espirituales. Forma un muñeco de maíz con trigo o crea tu propio personaje con frutas y verduras que hayas cultivado tú mismo. Puedes encontrar instrucciones claras con imágenes y vídeos en Internet. Puedes utilizar el muñeco de maíz como centro de mesa durante la cena de Mabon; quizás incluso guardarlo en un lugar de honor durante el próximo año y alimentarlo ritualmente dejando pequeñas ofrendas en un cuenco de las que te desharás al día siguiente. También puedes incluir el muñeco de maíz en juegos que reflejen los que practicaban los segadores durante la cosecha. En tiempos pasados, la gente se escondía junto al camino con cubos de agua, esperando para mojar a la persona que llevaba la efigie. Como giro moderno, si celebras una procesión ritual con el muñeco, puedes hacer que tu familia o aquelarre se escondan a lo largo de su camino con pistolas de agua, con las que dispararán al muñeco y a la persona que lo lleva para representar el agua necesaria para la próxima cosecha. También podrías darle peso con piedras; el simbolismo es que al año siguiente la cosecha será tan pesada como estas.

Hacer una corona

Los segadores solían seguir procesiones de muñecos de maíz sosteniendo coronas en palos. Puedes hacer tu propia corona con trigo o heno y decorarla con cintas de los colores de la estación. Cuélgala sobre la puerta principal o en una puerta del interior de tu casa.

Visitar caballos

En las Tierras Altas escocesas, el día de San Miguel también se llamaba Día de la Equitación. Siempre había una carrera de caballos en Gran Bretaña en este día, con un hombre y una mujer en cada caballo. Los jinetes pensaban que traía buena suerte que una mujer se cayera del caballo. Las mujeres pagaban la carrera de caballos, y a menudo llevaban grandes recipientes de avena para compartir. Las carreras de caballos no son tan comunes en otoño, pero puedes visitar un zoo donde se pueda acariciar a los animales, una granja o un refugio de rescate y hacer algo bonito por un caballo. Puedes rematar el día cenando avena.

Celebrar una procesión

Muchas localidades celebraban una procesión al principio de la cosecha para cortar la primera gavilla y al final de la cosecha tras talar la última gavilla. Piensa en ello como un desfile sin carrozas ni camiones de bomberos. Es una celebración reverente, aunque no necesariamente seria. Como tiene un elemento lúdico, es un ritual excelente para los niños. La procesión más sencilla que puedes hacer en casa es organizar un desfile hasta el jardín, donde tu familia y tú realizaréis las tareas de recolección de la cosecha. Sin embargo, si vives en una ciudad y no dispones de jardín, también puedes optar por la tradición del Festival de la Cosecha de dar de comer a los hambrientos.

El desfile de los jardines

Esta es una actividad divertida para realizar con los niños. Forma una efigie con trigo o elabora un espantapájaros más estándar. A continuación, echad a suerte los nombres de los participantes para determinar quién lleva el espantapájaros al campo. Deja que los demás miembros de la familia se pongan en fila detrás de la persona que lleva el espantapájaros. Haz que la persona de atrás tire de una carreta (tal vez una carreta roja infantil) o lleve una cesta si el jardín es pequeño. Dale al personal del desfile tambores, sonajas y *kazoos*. Si crees que esto puede volver loco a alguien, una mejor opción podría ser cantar una canción que todos los niños conozcan.

Dirige a la comitiva desde la parte delantera de la casa hasta donde se encuentre el jardín mientras cantáis la canción. Si se trata de un paseo corto, lleva la procesión alrededor del jardín unas cuantas veces antes de indicar al líder que plante la efigie en el centro de la parcela.

Una vez clavada la estaca en la tierra, di: «¡Alabado sea el dios de la tierra!», y entonces todos deben vitorear o hacer ruido. Después, di: «¡Alabemos a la cosecha!», y todos volverán a hacer ruidos de celebración.

A partir de ahí, llenad el carro o la cesta con los productos del huerto. Aprovechad el resto del día para enlatar, congelar o conservar de otra forma los productos del huerto. Esta es una buena oportunidad para enseñar a los niños que sean lo suficientemente mayores como para estar cerca de fogones calientes sobre estas artes de conservación. Reservad algunos productos del huerto para una cena compartida con la familia, y aseguraos de llevar algunas de las conservas a una organización comunitaria contra el hambre.

Hacer una cesta de la cosecha

Esto no es exactamente lo mismo que una procesión, aunque puedes animar a los niños a fingir que lo es. Lleva a los niños al supermercado y pídeles que elijan artículos no perecederos para un banco de alimentos local. Junto con artículos como frutas, verduras y carnes enlatadas, aseguraos de añadir artículos como pañales y productos de higiene. Reúnelos todos en una cesta. Realiza una breve oración alrededor de la cesta, rogando que los que participen de su contenido reciban buena suerte y abundantes cosechas propias en los años venideros. Una de estas oraciones para la cesta de la cosecha es:

Oración de la cesta de la cosecha

Salve al espíritu de la tierra y al espíritu de la comunidad.
¡Salve a la Diosa que todo lo da!
Os pedimos que bendigáis esta cesta de alimentos y bienes
destinada a ayudar a los necesitados de nuestro entorno.
Que cada objeto lleve una bendición de buena suerte,
buena salud, buena curación y cosechas abundantes.
Que nuestra comunidad esté bien y fuerte
por vuestra mano y por la nuestra.
¡Que así sea!

Participar en el Orgullo Pagano

Si el Orgullo Pagano se celebra en tu ciudad, ¡hazte voluntario! Cada municipio gestiona el evento de forma un poco diferente. Busca en Internet al coordinador local y ofrece las habilidades específicas que puedas aportar. Si trabajas con un aquelarre, una agrupación u otra clase de grupo, pregunta a tus compañeros sobre la posibilidad de realizar un ritual público en el Orgullo Pagano. Si estás solo pero quieres conectar, ¡ofrécete a realizar un ritual tú mismo! Si no se celebra ningún evento donde vives, plantéate la posibilidad de iniciar uno: el sitio web del Proyecto Internacional del Orgullo Pagano está a disposición del público y sus organizadores pueden darte consejos para iniciar el tuyo propio.

Celebraciones del Mabon

No hay dos celebraciones del *sabbat* exactamente iguales. Incluso el momento exacto para celebrar el Mabon difiere según las tradiciones paganas. Algunos grupos celebran el *sabbat* en la luna llena más cercana al equinoccio de otoño, o el Festival de la Cosecha del Reino Unido. Otros intentan situar cualquier ritual o fiesta lo más cerca posible del momento real del equinoccio. Otros grupos utilizan un enfoque de «tres días antes o tres días después» para dar cabida a los miembros del aquelarre con apretadas agendas laborales y familiares.

Lo ideal es que estas celebraciones incluyan una comida compartida y un reconocimiento de gratitud por los sacrificios realizados. Se puede expresar este espíritu de innumerables maneras: los rituales son desafíos creativos. Esto es lo que hace que la práctica de la fe pagana sea agradable para muchos. Con los temas propios de la temporada de la cosecha y el sacrificio de un rey divino en mente, un aquelarre o un practicante en solitario puede aplicar una gran dosis de imaginación en cuanto a cómo expresar estos temas tanto dentro del ritual como en el mundo en general.

Por ejemplo, un festín puede incluir alimentos cultivados en los huertos de los participantes o alimentos seleccionados en cualquier tienda de comestibles. Lo que importa es que los alimentos sean de temporada para la zona. En climas templados, eso podría incluir calabazas, judías verdes, cebollas, pimientos y fisalis. En zonas más cercanas al ecuador, un festín del equinoccio de otoño podría tener mandioca y plátanos. Lo que importa es que refleje y conecte con el suelo que pisas cada día.

Realizar un sacrificio

Si el sacrificio es el tema central de tu celebración, inspírate en cómo la gente experimenta el sacrificio en la vida moderna. Coloca un altar con fotos de héroes de guerra y trabajadores de emergencias. Pide a los invitados historias sobre seres queridos que hicieron sacrificios. Escribe cartas de agradecimiento para quienes se han sacrificado por ti. Eso podría incluir a padres que han trabajado horas extra para ayudarte a terminar tus estudios, alguien que se tomó tiempo libre del trabajo para cuidarte mientras estabas enfermo, o alguien que ha donado sangre u órganos para salvar la vida de alguien.

Puede que también desees hacer un sacrificio por tu cuenta. Tu acción debe ajustarse al contexto de tu vida. Hay causas que reclaman el tiempo de una persona, especialmente causas que fortalecen a toda la comunidad más allá de tu grupo religioso. Tal vez puedas ofrecer una comida a amigos incapaces de cocinar por sí mismos. Puedes ser voluntario en una residencia de ancianos local o con un equipo de limpieza de carreteras. Incluso podrías llevar algo de la abundancia de tu huerto a tus vecinos como medio de conectar a tu comunidad con la tierra que compartís. Organizar una barbacoa se corresponde con el sacrificio del animal de la Cosecha en Casa y es un rito moderno muy conocido. También lo es pasar tiempo junto a la cama de un moribundo o renunciar a unas horas frente al ordenador cada noche para ayudar a construir una casa de organizaciones como Hábitat para la Humanidad.

Tu toque personal

Puedes empezar por elegir uno de los temas espirituales del Mabon o integrarlos todos para sacar el máximo partido a esta época del año. Por ejemplo, si se te murió un ser querido el año pasado, quizá quieras crear rituales en torno al luto por el paso del tiempo y la luz mortecina. Puede que te sientas especialmente agradecido por lo que has recibido en la temporada de la cosecha; en ese caso, elige actividades que expresen tu gratitud y comparte tu abundancia. Los actos de preparación para tu propia familia o tu comunidad para el invierno (aunque el invierno sea suave en los climas cálidos) son actividades excelentes para esta temporada. La mayoría de los rituales de Mabon implican expresiones de gratitud, ofrendas hechas al dios y la diosa de la tierra y una comida compartida. Quizá desees reservar una parte de tu jardín o un poco de vino y cerveza para las ofrendas y libaciones. Si te sientes especialmente pletórico, ¡hasta puedes obsequiar a alguien con los frutos de tu propio huerto! Sea lo que sea lo que decidas hacer, celebra el Mabon al máximo.

HECHIZOS Y ADIVINACIÓN

rn – purification, prosperity, the mysteries of autumn eq
estors, echinacea – healing, strengthening hyssop – purifica
on, patience, loyalty, eternal life, concentration, love myrrh
urification, protection, spirituality Solomon's seal – exorc
purification, connecting to ancestors, connecting to land y
– protection, luck, health, money, fertility. Pine – healing
protection, prosperity, health, the sea Maple – love, frien
prosperity, healing, prosperity, sleep Flowers carnation
rigold – protection, healing sunflower – purity, optimism
no stones specifically associated with Mabon. However, st
r sun deals are appropriate to this holiday. Animals, tote
ing animals in the Mabinogion that helped lead Arthur's
t world the Blackbird – one of the guiding animals in the
rity men to Mabon; brings messages of other worlds to th
the guiding animals in the Mabinogion that helped lead
nting and wisdom the Eagle – one of the guiding animals
d Arthur's men to Mabon; associated with wisdom, insi
non – one of the guiding animals in the Mabinogion that
n of knowledge and past and future the Goose – goose m

El Mabon es una época de equilibrio generalizado. A medida que la luz se marcha, se lleva consigo el calor y los recuerdos. También es un tiempo para tejer un nuevo equilibrio para ti mismo. Si la cosecha pasada fue mala, este es el momento de sentar las bases para que la próxima sea mejor. Aprovecha esta época para librarte de los obstáculos internos y externos y, como si plantaras bulbos al final del otoño, siembra las semillas más profundas para que luego llegue la floración más hermosa cuando vuelva el calor.

Hechizos para el Mabon

Los hechizos que siguen tratan de poner en orden tu mundo. Al igual que nuestros antepasados espirituales utilizaban el equinoccio para dar cuenta de su cosecha y prepararse para el invierno, nosotros apelamos a esa energía con estos hechizos destinados a corregir el equilibrio de nuestro universo inmediato.

Un hechizo para encontrar un objeto perdido

Dices que los objetos se pueden perder en cualquier época del año, ¿verdad? Pues sí. Lo que ocurre es que esta estación en particular pertenece a los dioses que han localizado con éxito a niños que estaban escondidos de ellos. Ayudarte a encontrar las gafas de sol, en comparación, debería ser fácil. Tal vez no sea necesario invocar a los espíritus de la sabiduría que guiaron a los hombres de Mabon hasta él, pero pueden ser un último recurso para esos momentos en los que no sabes dónde has puesto las llaves del coche.

En realidad, este hechizo funciona mejor sin trazar un círculo. Necesitarás un péndulo, que puede ser cualquier objeto que cuelgue de una cadena o una cuerda.

En primer lugar, entra en sintonía con el péndulo sujetándolo y determinando qué dirección significa sí y cuál significa no. Para ello, sostenlo delante de ti y di cómo deseas que sea esa comunicación. Di: «Izquierda para el sí, derecha para el no», o «En el sentido de las agujas del reloj para el sí, en el sentido contrario para el no», y así sucesivamente.

Una vez que hayas establecido el sistema de sí y de no, sitúate en la habitación donde es más probable que hayas perdido el objeto. Sostén el péndulo frente a ti y pregunta: «¿Está el objeto perdido en esta habitación?». Si el péndulo indica que no, prueba en otra habitación hasta que obtengas una respuesta afirmativa.

Si el péndulo indica que sí, elige una esquina de la habitación y pregunta: «¿Está mi objeto perdido cerca de esta esquina?». Si la respuesta es que no, prueba en otra esquina hasta que obtengas un sí.

Una vez que obtengas un sí en un lado de la habitación, sostén el péndulo sobre cada objeto de esa zona y pregunta para ver si da un sí o un no. Puede que tengas que mirar debajo de algún objeto, mover los cojines del sofá o desplazar muebles, según la fuerza de la oscilación del péndulo.

Si recorres toda la casa y solo obtienes un no, pregunta si el objeto sigue en tu casa. Si la respuesta es negativa, repite este proceso en el coche.

Si no ha aparecido nada, es posible que tengas que recurrir a un proceso de visión. En este caso, utilizarás una visualización. Instálate en un lugar cómodo, preferiblemente en medio de una zona donde caiga la luz del sol. Visualízate rodeado de una luz azul o dorada.

Entonces, en el ojo de tu mente, visualiza un mirlo. Si el pájaro te lleva hasta un ciervo, el objeto está perdido en el exterior. Hazle la misma pregunta al ciervo. Mira hacia dónde te conduce el ciervo. Si el ciervo te conduce a un búho, entonces alguien ha recogido lo que se te ha perdido. Pregúntale al búho. Si te lleva a un águila, entonces el objeto se ha desplazado de su lugar previsto. Pregunta al águila. Si el águila te conduce a un salmón, es posible que lo que se te ha perdido ya no esté en su forma original. El salmón te mostrará qué forma tiene ahora tu objeto perdido. De ti depende recuperarlo a partir de ahí. Afortunadamente, la mayoría de la gente no necesitará llegar tan lejos como para tener que pedírselo al salmón.

Un conjuro para promover la armonía comunitaria

Las condiciones de nuestros barrios evidencian si una comunidad ha sembrado bien sus semillas o si ha descuidado el mantenimiento. Si nacemos en la situación adecuada, a menudo podremos encontrar un buen barrio para vivir con bastante facilidad. Sin embargo, la mayoría de nosotros o bien encontramos un lugar que nos encanta, pero los vecinos son problemáticos, o bien debemos conformarnos con lo que podemos permitirnos y cruzar los dedos para poder mudarnos algún día. Por lo tanto, cuando llega el otoño puedes aprovechar esa energía del equinoccio para enviar a los vecinos alborotadores a un lugar donde no molesten tanto.

El lugar donde vivimos afecta a nuestra forma de pensar y de ver el mundo. Es más fácil creer que te pueden ocurrir cosas buenas en un lugar donde estás rodeado de fortuna. Hay situaciones muy complicadas detrás de muchos de nuestros barrios y de las familias que los habitan. Si formas parte de ese barrio y esa cultura, entonces ya eres un organismo clave dentro de él. Esto te da el derecho y la responsabilidad de influir en el futuro del lugar donde vives para lograr un bien mayor. Si vives en un barrio conflictivo, la energía del equinoccio es una oportunidad de oro para barrer lo malo hacia fuera y al mismo tiempo traer dentro lo bueno.

Este hechizo de armonía comunitaria es uno con el que podrás, de una forma muy suave, influir en el ambiente que te rodea. Para ello, necesitas crear una poción con la que sanar la atmósfera que envuelve el lugar en el que resides. Cuando el líquido se evapore, arrastrará consigo la carga mágica que hayas introducido en él y, de forma sutil, propiciará la armonía que deseas para la comunidad.

Para elaborar cualquier poción necesitarás tarros o botes con cierre hermético, un embudo, filtros de café o estopilla, una cacerola, una cuchara de madera, agua del grifo y las hierbas deseadas.

Nota: aunque comprar en herboristerías es lo ideal para la mayoría de las prácticas mágicas, no es ni mucho menos la única opción que tienes. Echa un ojo a la sección de especias de las tiendas de comestibles locales y los bazares. También puedes encontrar muy buen material en los pasillos de comida exótica o puedes utilizar té o café. Si ha sido un gran año para tu jardín de hierbas, ¡aprovecha tu propia cosecha!

Toda elaboración de poción es sencilla: distribuye las hierbas de forma uniforme en el fondo de la cacerola, vierte dos tazas de agua y remueve de forma constante hasta que la mezcla esté a punto de hervir. Mientras remueves, realiza un pequeño cántico y visualiza que la mezcla brilla con un saludable color rosa. Una vez esté hirviendo, apaga el fuego y deja que se enfríe. Coloca la botella o el tarro en el fregadero y forra un embudo con un filtro de café o una tela para queso. Vierte la poción poco a poco a través del filtro.

Si tu comunidad, que suele ser maravillosa, ha tenido un mal año, quizá quieras ayudar a todos con un poco de magia. Las personas con vidas difíciles a menudo acaban viviendo cerca unas de otras. A veces, el daño sufrido fomenta una actitud defensiva y, por tanto, la lucha, en lugar del acercamiento y el apoyo mutuo. A veces el daño es tan grave que no se les ocurre buscar en su interior para sanar sus traumas. Aprovecha este momento para sembrar el aire frío con un poco de energía curativa para que llegue a tus vecinos.

Utiliza una mezcla de hierbas con una parte de cada una (aproximadamente una cucharadita) de las siguientes plantas: hierba de san Juan, baya de enebro, angélica, clavo y virutas de cedro. Sigue las instrucciones anteriores para elaborar el mejunje. Mientras remueves la mezcla, recita:

Limpia todo veneno;
cierra todas las heridas.
Que todos los que respiren esto
Vengan y comulguen.
¡Recuperaos!
¡Recuperaos!
Donde todos moramos
en esta tierra compartida,
¡todos podemos brillar!

Cuando hayas terminado, busca un momento tranquilo de la noche para verter la poción en el exterior de tu casa o cerca de intersecciones y lugares de reunión concurridos. Tal vez desees decir algo mientras lo haces, vinculando tu acción con el equinoccio: «Lleva a los atribulados a la oscuridad, trasládalos a donde la luz pueda curarlos».

Un conjuro para la prosperidad de la comunidad

A veces, un buen vecindario puede sufrir una época difícil. En los tiempos en los que casi todo el mundo participaba en la recogida de la cosecha, esto era evidente. Ahora los efectos de las malas cosechas son más sutiles, pero con el tiempo se hacen visibles. En estos momentos en los que todo cambia de forma vertiginosa, es importante avivar la imaginación, mirar hacia lo desconocido y ver dónde hay una oportunidad en lugar de dejar pasar el tiempo contemplando el charco de las cosas perdidas. Alimentar el espíritu del vecindario puede traer sorpresas: talentos ocultos que el horario de trabajo ha suprimido, aventuras empresariales que de otro modo no se habrían emprendido o una firme voluntad compartida de crear de nuevo. La desesperación y el optimismo pueden extenderse en partes iguales, así que cuando el lado más oscuro empiece a primar, tú puedes responder con una actitud positiva para reestablecer el equilibrio en el estado de ánimo colectivo del barrio.

Utiliza en una mezcla una parte de sello de oro y otra de raíz de apio de monte, y añade tres orejones de albaricoque secos. Después de colar esta fórmula herbal puedes comerte los orejones de albaricoque rehidratados. ¡Así puedes atraer un poco de prosperidad para ti!

A continuación, recita:

¡Que la bondad venga con todos nosotros!
¡Que la buena suerte nos alcance a todos!
Se abren nuevos caminos, se muestran
cosas buenas en el interior, con más tesoros
de los que nunca antes conocimos.

Un hechizo para despertar el espíritu activista

Una comunidad comprometida es una gran comunidad, y una comunidad que se ocupa de las necesidades de los pobres es una comunidad especialmente fuerte. Dado que hoy en día el Festival de la Cosecha alimenta a los hambrientos, y que el culto dionisíaco de antaño servía a los marginados por la sociedad, el Mabon conlleva una pequeña carga activista dentro de sus energías. En los centros urbanos, las semillas sembradas ofrecen una cosecha de creatividad. Cuando esos centros se vuelven insalubres, la ausencia de una metafórica cosecha sana conduce a la plaga urbana. Llegar al punto en el que los miembros de la comunidad utilicen su pasión para un bien colectivo y encuentren el mejor lugar para su pasión requiere un poco de oración, un poco de magia y un poco de intervención divina. Para algunos, especialmente para aquellos que a menudo se han topado con el fracaso o con obstáculos en sus primeros esfuerzos, puede hacer falta reavivar ese espíritu apasionado que va en pos de un cambio. A veces, encender la chispa interior requiere una acción simple y simbólica, como encender una vela.

Las velas, un elemento básico en la magia, también lo son entre las comunidades activistas. La gente celebra vigilias con velas para recordar a los que sufren en otras partes del mundo. Se pasan las luces unos a otros para representar la chispa compartida. Lo que los activistas ven como un símbolo del subconsciente, otros lo interpretan como un acto directo de magia. Ambos tienen razón.

Para realizar este hechizo, reúne una vela roja, aceite de oliva, sal, albahaca, canela y menta verde. Primero, mezcla una pizca de sal en una cucharada de aceite de oliva. Frota la solución sobre la vela de arriba abajo, con la mecha apuntando en dirección contraria a ti. Esto limpia simbólicamente la vela. A continuación, en otra cucharada de aceite de oliva, mezcla una pizca de albahaca, canela y menta verde. Frota esta mezcla de aceite y hierbas en la vela desde el centro hacia fuera y luego desde el centro hacia ti.

Sitúate en la puerta principal de tu casa si da al exterior. Si se trata de un apartamento interior, sal a un balcón o dirígete a una puerta que se abra al mundo exterior. Enciende la vela y recita:

Gran Dios/Diosa,
me has despertado.
Veo los cambios necesarios;
el trabajo que hay que hacer
para crearlos.
Despierta suavemente

a los verdaderos compañeros en esta tarea,
para que podamos compartir y vivir
y hacer juntos nuestro bien.
¡Que así sea!

Apaga la vela de un soplo y repite esta operación cada noche durante nueve días. La última noche, lleva la vela al interior de la casa y deja que la llama arda durante nueve minutos. Procede a dejar que la vela arda durante nueve minutos al día hasta que se haya derretido por completo.

Un hechizo para las abejas

El siguiente hechizo no es solo para los humanos; también es para las abejas. En una alarmante y acertada vuelta a la tradición, si un agricultor encontraba una colmena de abejas muertas, auguraba una mala cosecha en la siguiente temporada. La desaparición de abejas en los últimos años ha subrayado la verdad literal de esto. Para aquellos sin alergias fuertes, plantar jardines para las abejas melíferas podría curar a estos insectos y también un poco a la humanidad. Las abejas y la miel eran también una parte importante de las tradiciones europeas de la cosecha. Los europeos necesitaban miel para elaborar la hidromiel que utilizaban en las celebraciones de la primavera.

Un tarro de miel es un elemento de la magia popular americana (*hoodoo*) que se utiliza para endulzar una situación. En este caso, puedes utilizarlo como un poco de magia proactiva para endulzar el año venidero e incluso para conferir una bendición a tus cultivos físicos y metafóricos antes de tiempo.

Reúne un tarro de cristal con tapa metálica plana, miel o sirope de arce, un bolígrafo (de cualquier color), papel (de cualquier color), azúcar, hierbas dulces como pétalos de rosa, canela, nuez moscada, lavanda o albahaca, y velas votivas rojas, verdes, amarillas, marrones o naranjas.

Pide a cada miembro de tu familia que escriba lo que intuye que va a ocurrir en el próximo año y lo que espera que ocurra, pidiendo al Dios o a la Diosa que sea tan bueno o mejor de lo que piden. Una vez hayáis terminado, colocad las cartas dentro del tarro de cristal. Si las cartas se hacen especialmente largas, puede que tengas que establecer un tarro por persona.

Cubre las cartas con miel y añade la mezcla de hierbas. Recita una oración sobre el tarro o los tarros:

¡Que el año sea dulce y suave,
meloso y brillante!
¡Traed abundancia a todas las cosas
que sustentan la vida!
¡Que así sea!

Sellad el tarro o los tarros de la forma más hermética posible. Colocad el tarro o los tarros dentro de un recipiente de aluminio con el borde alto. Encima del tarro, quema una vela: roja para la energía, verde para el crecimiento y la fertilidad, amarilla para la prosperidad, marrón para un hogar tranquilo o naranja para las sorpresas felices.

Cuando las velas se hayan consumido por completo, entierra los tarros en tu propiedad. Si no tienes una propiedad donde poder hacerlo, busca un lugar favorable en la naturaleza y colócalos en el suelo antes de que este se congele.

Hechizo para la sabiduría

La sabiduría aborda a menudo la necesidad de equilibrio; es a lo que recurrimos para tomar las decisiones correctas, tal y como hacía la gente en San Miguel al decidir qué guardar y qué soltar. Puedes influirte a ti mismo para alcanzar la sabiduría con esta bolsa mágica.

Para realizar este hechizo, reúne una pequeña bolsa de terciopelo negro con cordón, cinco bellotas, cinco espinas de rosa (opcional), una imagen de una persona que represente la sabiduría para ti, un pequeño amuleto en forma de búho, un puñado de pipas de girasol, un cuadrado de papel de aluminio de unos 7 u 8 cm y aceite esencial de salvia diluido en aceite de oliva o aceite de girasol impregnado de ruda.

Coloca las espinas de rosa (si las tienes), las semillas de girasol y las bellotas sobre el papel de aluminio y recita:

Hierbas,
os bendigo y despierto la sabiduría
que tenéis para compartir conmigo.

Dobla el papel de aluminio en forma de paquete y colócalo dentro de la bolsa de cordón. Después, recita:

Guiadme hacia las elecciones más sabias.

Coloca el amuleto del búho y el símbolo de la sabiduría personal en la bolsa y recita:

Ayudadme a ver lo que puedo pasar por alto,
a cuestionar hasta comprender de verdad.

Unge el exterior de la bolsa con un toque del aceite de salvia o ruda. A continuación, mete esta bolsa en un bolsillo de la ropa o guárdala en un bolsillo oculto de tu abrigo o en la parte trasera de un bolso. Sácala una vez a la semana y vuelve a ungirla con el aceite.

Hechizo con una manzana para bendecir a un profesor

Las manzanas representan el conocimiento para los paganos de una forma diferente a como lo hacen para los cristianos. Si cortas una manzana transversalmente por el centro, verás los cinco núcleos de semillas de la manzana formando un pentáculo, un símbolo de sabiduría y protección para muchos paganos. Es de esperar que los profesores sean fuentes de sabiduría y protección para sus alumnos y que necesiten cierta protección en su trabajo. Así que, a principios de curso, puedes darle una manzana a un profesor para aumentar esa sensación de sabiduría y seguridad que tanto los estudiantes como el profesorado necesitan.

En los primeros tiempos de la historia de Estados Unidos, los maestros eran a menudo apenas mayores que los alumnos a los que enseñaban y dependían de los padres de los estudiantes para su alimentación y alojamiento. Parte de su paga consistía en comida, por lo que los alumnos les llevaban manzanas y otros alimentos de las granjas de sus padres. La manzana se convirtió en un símbolo de la profesión para el profesor, aunque ahora también reciben idealmente prestaciones sanitarias y de jubilación en lugar de la comida que pueden proporcionarles ciertas familias.

A día de hoy, la enseñanza sigue siendo un trabajo difícil, ya sea en escuelas públicas o privadas. Con demasiada frecuencia, los profesores tienen que emplear su propio sueldo para comprar material escolar y, al mismo tiempo, utilizar esos mismos sueldos para financiar la formación continua que necesitan para permanecer en la profesión. Además, tienen pocas protecciones cuando los alumnos sufren arrebatos violentos, y suelen contagiarse primero de cualquier resfriado o gripe que traigan los niños. Esos tres meses al año «libres» nunca son realmente vacaciones para la mayoría de los profesores: es un tiempo que se utiliza para elaborar planes de clases y trabajar en empleos de verano. Aunque no todos los profesores son personas dedicadas y abnegadas, los buenos profesores necesitan nuestra ayuda. Cuando reciben esa ayuda, fortalecen no solo a nuestra comunidad, sino a nuestro futuro común.

Dado que el inicio de la mayoría de los cursos escolares sucede en otoño (otra extensión de la tradición agrícola americana primitiva) y la manzana ya es un símbolo del Mabon y del otoño, esta pequeña bendición es muy apropiada. A principios de curso, prepara una cesta con material escolar. No es necesario que incluyas manzanas de verdad, pero decórala con un motivo de manzanas si puedes. Incluye necesidades comunes de la clase, como resmas de papel de impresora, pegamento, cartulinas, tijeras (tanto mejor si puedes meter algunas tijeras para zurdos), pañuelos de papel, desinfectante para manos, bicarbonato, desinfectante para superficies, lápices de colores, bolígrafos, gomas de borrar, bolsas de hielo en gel, rotuladores de borrado en seco, notas adhesivas y, quizá, un frasquito de uno de esos remedios para prevenir el resfriado. Si te sientes especialmente generoso, las tarjetas regalo para aplicaciones de teléfonos y tabletas pueden ayudar mucho al profesor de tu hijo a dar la mejor educación posible a su clase.

Mientras montas la cesta, imagina que los artículos brillan o adquieren la personalidad que tienen los objetos inanimados en una película de animación. Imagina que cada objeto contagia buen humor, buen ánimo y una sensación de ecuanimidad y transmite esa sabiduría al profesor que dirige la clase.

Empaqueta los artículos lo mejor que puedas y envía una nota agradeciendo al profesor su servicio a tus hijos y a tu comunidad.

Un hechizo de protección para los que velan por la comunidad

En Estados Unidos, la mayoría de los municipios dependen de una red de voluntarios y personal mal pagado para velar por la seguridad de toda la comunidad. Lo que empezó como fuerzas milicianas en torno a la época de la guerra de la Independencia acabó convirtiéndose en voluntarios que trabajan como bomberos, socorristas, paramédicos y otros miembros implicados de la comunidad que arriesgan su vida en situaciones peligrosas por la seguridad de los demás. Los hombres y mujeres que hacen esto son los equivalentes de los hombres y mujeres que recogían la cosecha; su esfuerzo significaba la seguridad para toda la aldea. Velar por su protección es una forma de protegernos a nosotros mismos; nuestro mundo sería mucho más difícil sin ellos. Estas son las personas por las que vela especialmente el arcángel Miguel, por lo que realizar este hechizo el 29 de septiembre (día de San Miguel) es muy apropiado.

Algunos paganos tienen a los arcángeles en la misma estima que los cristianos. En consecuencia, el arcángel Miguel resulta significativo para personas de ambas creencias. En el contexto de la comunidad y la protección, Miguel vela por los guerreros de todo tipo, incluidos los soldados, los policías y los defensores de la paz.

Para este hechizo, necesitarás una pizca de tierra de la comisaría de policía, la estación de bomberos o el hospital más cercano; una vela roja; aceite de oliva infusionado con albahaca; imágenes impresas del escudo de tu ciudad, el escudo de la policía local, el escudo del departamento de bomberos y el logotipo del hospital; una imagen impresa del arcángel Miguel; un cuenco resistente al calor; y agua de manantial.

Coloca la imagen del arcángel Miguel sobre una superficie plana. A continuación, mete las imágenes de la policía, los bomberos, la ciudad y el hospital en el cuenco. Unge la vela roja desde el centro hacia fuera en ambos extremos con el aceite de oliva infusionado con hierbas mientras pides al arcángel Miguel que confiera su bendición a tu trabajo.

Coloca la vela encima de las imágenes y enciéndela mientras pronuncias la oración tradicional de san Miguel o una versión con la que te sientas cómodo.

Una versión pagana podría ser:

Arcángel Miguel,
tú que vigilas a nuestros guerreros,
guárdalos del mal, condúcelos al bien,
vela por ellos en sus batallas diarias
por el bien de todos.
Que así sea.

Espolvorea la pizca de tierra sobre las imágenes y, a continuación, vierte en el cuenco solo el agua de manantial necesaria para que el papel quede cubierto. Añade un poco de agua fresca y repite la oración todos los días, volviendo a encender la vela a diario hasta que esta se consuma al alcanzar el nivel del agua. Una vez hecho esto, entierra el resto del hechizo en tu propiedad, al borde de un parque público o cerca de una carretera de servicio.

Magia con muñecos de maíz

Los muñecos de maíz eran más que solo símbolos para los segadores de la cosecha; para ellos constituían una auténtica energía mágica. En Europa, dar al muñeco un lugar de honor durante un año y luego enterrarlo o quemarlo al comienzo de una nueva cosecha representaba una forma de marcar el ciclo más importante: ese muñeco contenía la clave de las condiciones de la siguiente cosecha. Incluso ahora, las efigies son una poderosa herramienta mágica; no es necesario que representen a una persona o deidad específica, pero pueden albergar el espíritu de casi cualquier intención que puedas tener. Aunque no te dediques a la agricultura, un muñeco de maíz puede propiciarte una excelente cosecha, tanto si deseas sembrar un hogar tranquilo, un vecindario seguro o abundantes oportunidades de empleo en el año venidero.

A los diferentes muñecos se les pueden añadir elementos con una intencionalidad mágica. Si deseas hacer un muñeco de maíz, también podrías probar algunas de las siguientes decoraciones para él con intencionalidad ritual.

Si deseas tener un nuevo amante o casarte durante el próximo año, elabora dos muñecos de maíz y después viste a uno como a una novia y a otro como a un novio (o dos novias o dos novios, según convenga). Deja a cada uno ofrendas de pasteles de boda (puede comprar trozos de muestra en la mayoría de las pastelerías), o quizás podrías dejar pequeñas ofrendas de minibotellas de champán. Cántales la marcha nupcial y arropa a cada uno con folletos sobre lugares donde pasar la luna de miel. Si la nueva pareja no surge en ese año, quema los muñecos en el otoño siguiente y vuelve a empezar con otros nuevos.

Si deseas tener una mayor fertilidad, abundancia o creatividad en tu hogar, vierte agua sobre el muñeco una vez al día. En algunas partes de Inglaterra, el último segador llevaba el muñeco de maíz a casa. Por el camino, otros aldeanos arrojaban agua sobre el segador y sobre el muñeco o, a veces, sumergían juntos al segador y al muñeco en un arroyo cercano.

Si quieres tener más dinero en casa, llena con piedras el centro del muñeco para que pese más y entreteje cintas en su cuerpo para representar el trabajo duro. Si ejerces una profesión con un uniforme específico, viste al muñeco con una versión en miniatura de ese uniforme. Puedes ponerle un delantal, bolígrafos, teclas de ordenador o de máquina de escribir, o cualquier otro símbolo pequeño que imite el trabajo que realizas. Aliméntalo de forma ritual a lo largo del año dejándole pequeñas ofrendas de miel, pan, cerveza y manzanas. Al cabo de un año, deshazte de él enterrándolo o quemándolo.

Los practicantes de magia más antiguos utilizaban lo que tenían a mano. Es un buen punto de partida para diseñar hechizos. Si vives en una zona con muchos robles, por ejemplo, utiliza bellotas, hierbas de finales de temporada y hojas de colores. Si vives en una zona con palmeras, puedes utilizar arena, hojas de palmera o el tallo roto de una suculenta. Si se te da mal la artesanía, también puedes simplemente comprar un paquete de mazorcas de maíz en una tienda de comestibles y rellenarlas con los otros símbolos mágicos que sirvan a tu propósito. Presta atención a los cambios sutiles a medida que el equinoccio pasa por tu parte de la Tierra y, a continuación, crea tus propios hechizos utilizando las cosas que puedas ver cambiar ante tus ojos.

Adivinaciones y amuletos de la suerte

Nuestros antepasados agricultores se preocupaban por el futuro tanto como nosotros. Mientras que nosotros utilizamos las cartas del tarot, los meteorólogos y las runas para averiguar lo que nos espera en la próxima temporada, los que nos precedieron confiaban en las herramientas que les rodeaban para adivinar el futuro y quizás para influir en él.

Vino, cerveza y agua: bebe por tu futuro

Esto proviene de una juguetona tradición polaca, una de tantas en las que se intenta predecir algo sobre el futuro cónyuge. Mejor aún, apela a los tres líquidos de la cosecha: vino, cerveza y agua.

Este encantamiento se realiza con una pareja, ¡preferiblemente no romántica!

Coloca una copa de vino, una botella de cerveza y un vaso de agua sobre una mesa. A continuación, siéntate de espaldas a la habitación para que tu expresión no pueda influir en la elección de tu pareja; podrías mirar lo que hace a través de un espejo. Haz que tu pareja entre después de ti y beba de cualquiera de las tres bebidas. Si tu pareja bebe vino, te casarás con alguien rico. Si es cerveza, siempre tendrás trabajo. Si es agua, permanecerás soltero.

La tirada del Tarot de Mabon

Seguro que has oído el adagio «se cosecha lo que se siembra». Esto es una forma de ver qué energía has depositado y hacia dónde te conducirá, y con qué tendrás que trabajar cuando tu camino haya tomado su propia dirección. Todo lo que necesitas para ello es una baraja de cartas del tarot y espacio para desplegarlas. También podrías utilizar una cámara para hacer fotos de tu lectura y un cuaderno de notas para anotar tus respuestas viscerales.

Esta tirada requiere de veinticuatro cartas en total. Tendrás que repartir y colocar las cartas en tres grupos de ocho.

Tras barajar por primera vez, coloca primero cuatro cartas. Esto representa lo que has sembrado en el pasado. A continuación, coloca otras cuatro cartas justo debajo. Esto es lo que cosecharás debido a la acción a la que se refieren las cartas situadas encima. Baraja las cartas y repite todo el proceso dos veces más para tener tres grupos de cartas para interpretar.

Las primeras ocho cartas representan tu pasado más lejano, las cosas sembradas y cosechadas hace mucho tiempo. Las ocho segundas se refieren a tu pasado más inmediato y a tu presente, y las ocho últimas, a tu futuro lejano.

Hay muy pocos significados fijos en las cartas. Normalmente solo la Torre representa algo drástico, mientras que la Muerte representa un cambio psicológico permanente y profundo. En esta tirada, sin embargo, pueden aparecer algunas cartas más y, al ser en un equinoccio, pueden tener más peso que en la lectura diaria habitual.

La Emperatriz: Esta carta es una señal de fertilidad suprema. Si aparece del derecho, ¡todo está en orden! Sin embargo, si aparece invertida, tendrás que examinar tus relaciones con las mujeres que hay a tu alrededor. Pregúntate si ves respeto mutuo y poder compartido en las relaciones que te rodean.

El Carro: Esta carta puede simbolizar visitas o un viaje. Si está del derecho, la persona que está consultando podría viajar, y si está invertida, la persona podría recibir visitas. Dado que ambas cosas pueden requerir recursos, mira las cartas que hay a ambos lados para obtener alguna pista sobre el momento temporal en el que esto pueda ocurrir.

Justicia y Juicio: La Justicia trata de que se te devuelva lo perdido; el Juicio trata de la necesidad de llevar a cabo acciones responsables. A menudo, cuando una de estas cartas aparece en una lectura, la otra la sigue poco después. Si la Templanza aparece cerca de ellas, es una señal de que lo que ha sucedido es consecuencia directa de tus propias elecciones. Si aparece el Mago, es porque tienes el poder de cambiarlo. Si aparece la Sacerdotisa, es el momento de buscar una sabiduría superior.

Puedes consultar las fotos y notas de tu lectura del tarot de una cosecha a otra. Toma notas cuando cambies de rumbo o busques sabiduría adicional: así podrás ver cómo afecta esto a tu vida a lo largo del tiempo.

Amuleto de herradura

Una vieja superstición dice que encontrar una herradura da buena suerte. Tiene sentido, ¡ya que las herraduras son caras! En la antigua tradición británica, una herradura clavada encima de la puerta del establo traía buena suerte (si estaba hacia abajo podía derramarse la suerte, ¡así que hay que colocar esas curvas hacia arriba!). En la actualidad, clavar una herradura sobre una puerta de garaje o sobre una puerta que dé al garaje también podría ser suficiente. Tal vez no como muestra clara de superstición, pero sí como recuerdo de nuestras raíces agrícolas.

Adivinación de la margarita de San Miguel

¿Recuerdas jugar al «me quiere, no me quiere» con alguna desventurada flor? El juego utilizaba originalmente la margarita de san Miguel, una pequeña flor blanca que florece en el centro de Gran Bretaña hacia finales de septiembre. Puedes realizar esta adivinación con cualquier flor (¡pero asegúrate de no coger esa flor del jardín de otra persona!). Hazle cualquier pregunta de sí o no, ¡pero no hagas trampas contando primero los pétalos!

RECETAS Y ARTESANÍA

sin – purification, prosperity, the mysteries of autumn eq
stors, echinacea – healing, strengthening hyssop – purificati
n, patience, loyalty, eternal life, concentration, love myrrh –
rification, protection, spirituality Solomon's seal – exorc
purification, connecting to ancestors, connecting to land ya
– protection, luck, health, money, fertility, Pine – healing
rotection, prosperity, health, the sea Maple – love, friend
prosperity, healing, prosperity, sleep Flowers carnation –
igold – protection, healing sunflower – purity, optimism
o stones specifically associated with Mabon. However, sto
sun dials are appropriate to this holiday. Animals, totem
ng animals in the Mabinogion that helped lead Arthur's
world the Blackbird – one of the guiding animals in the
ity, men to Mabon; brings messages of other worlds to the
the guiding animals in the Mabinogion that helped lead
ting and wisdom the Eagle – one of the guiding animals
l Arthur's men to Mabon; associated with wisdom, insig
on – one of the guiding animals in the Mabinogion that
n of knowledge and past and future the Goose – goose ser

El acto de decorar, hacer manualidades y cocinar nos pone en contacto con los ritmos que suceden en el planeta en este momento. Nuestros antepasados utilizaban lo que tenían a mano para expresar su creatividad y alegría. En Mabon trata de preservar la belleza y apreciar la abundancia incluso cuando se desvanece lejos de nuestro alcance. Afrontamos este reto utilizando las cosas que caen al suelo para hacer arte, y las cosas que echan semillas para hacer comida.

Recetas

Las fiestas de Mabon reflejan las celebraciones de la Cosecha en Casa. Se trata tanto de unos festejos de supervivencia de la comunidad como de una fiesta familiar. Esta es una buena ocasión para organizar una comida de *sabbat* a la que invitar a amigos o familiares, especialmente si son huéspedes que hacen que el lugar donde vivas sea más seguro, más fuerte o más próspero.

Hay una escuela de pensamiento que opina que lo que debe diferenciar a los *sabbats* de los *esbats* es la comida. Mientras que un esbat puede incluir algún ritual de compartir la comida (compartir el pan simbólico o el vino simbólico que recuerda a la comunión cristiana), el *sabbat* debe albergar un estado de comunión total con la comida. Para los grupos más pequeños, participar en todo el festín dentro del círculo mágico es posible; basta con ampliar el círculo para incluir la mesa de la comida o utilizar la mesa de servir también como altar focal. Esto, sin embargo, resulta poco práctico para quienes participan en celebraciones comunitarias. En la mayoría de los casos, para quienes celebran la festividad con grupos de más de quince personas, la mejor política suele ser llevar a cabo el ritual y luego dar paso al banquete. Eso sí, recuerda los modales: invita siempre a las deidades que invoques para que asistan también al festín, y reserva un plato de comida y un cuenco para las libaciones con el fin de asegurarte de que, si los dioses desean disfrutar de su parte, puedan hacerlo. Si un intruso (humano o animal) se come la comida, no te preocupes. Eso solo significa que los dioses querían probarla.

A veces, la gente no puede comer algunas cosas. El aumento de la enfermedad celiaca y la popularidad de las dietas veganas o vegetarianas han hecho que la celebración de más de un aquelarre o comunidad sea muy complicada en la práctica. Los dioses no son tan inflexibles como la humanidad. Si realmente no puedes comer trigo o maíz de forma segura, ellos lo entenderán. Si por razones personales decides abstenerte de la carne o de todos los productos animales, tan solo asegúrate de aportar algo que todo el grupo pueda disfrutar.

Un banquete posritual debe ser festivo: eso significa centrarse en lo positivo, en lo que te gusta de los demás, y en encontrar cosas que te unan con el resto.

Dado que se trata de una fiesta de gratitud, es apropiado realizar bendiciones sobre los alimentos. Una bendición rutinaria de los alimentos podría ser «De donde vinisteis, allí volveréis; os doy las gracias por lo que me dais». En otros casos, la oración adecuada para estas ocasiones es «Buena comida, buena carne, buenos dioses, ¡comamos!».

Algunos grupos trazan un círculo alrededor del banquete para que forme parte del espacio sagrado. Si decides hacerlo, asegúrate de incluir en él el baño y la cocina.

Pan de la cosecha

El pan es el alimento de la cosecha por excelencia. Su influencia civilizadora sigue el rastro de la cerveza; es casi un universal cultural. Los europeos tienen barras de pan, los mexicanos y algunos países de América Central y del Sur tienen tortillas, el sur de Estados Unidos tiene pan de maíz, la India y Pakistán tienen *naan*... Las variedades, formas y aspectos en los que se presenta el pan son infinitos, como lo es el arte a la hora de elaborarlo.

Ingredientes:

- tres cuartos de taza de agua tibia
- 1 paquete de levadura seca activa
- 1 cucharadita de sal
- 1 cucharada y media de azúcar
- 1 cucharada de manteca vegetal
- media taza de leche
- 3 tazas colmadas de harina multiusos
- 1 barrita de mantequilla ablandada.

Precalienta el horno a 190 °C.

En un bol grande, añade el agua templada. Incorpora lentamente la levadura seca. Sigue removiendo hasta que la levadura se disuelva. Añade al bol la sal, el azúcar, la manteca y la leche. Remueve bien. Mezcla las dos primeras tazas de harina. Si es necesario, empieza a añadir más harina, de cucharada en cucharada, hasta que la masa se pegue a la cuchara.

No es necesario que utilices toda la harina indicada en esta receta, o puede que necesites más harina de la indicada. Las cantidades varían en función de muchos factores, incluido el clima, por eso la mayoría de las recetas de pan tan solo dan una cantidad aproximada de harina necesaria.

Vuelca la masa sobre una tabla enharinada y amásala, añadiendo pequeñas cucharadas de harina según sea necesario, hasta que la masa esté blanda y suave, no pegajosa al tacto.

Utiliza la mantequilla ablandada para untar un bol y un molde para pan. Coloca la masa en el bol untado con mantequilla y dale la vuelta para engrasar uniformemente todos los lados. Cúbrela y déjala levar en un lugar cálido durante una hora. Después, aprieta la masa. Vuélcala sobre una tabla enharinada y amásala de nuevo.

Forma una hogaza con la masa y colócala en el molde untado con mantequilla. Tápala y déjala levar unos 30 minutos. Antes de hornear, marca la masa haciendo tres cortes en la parte superior con un cuchillo afilado. A continuación, métela en el horno y hornéala durante unos 45 minutos o hasta que esté dorada. Saca el pan del molde y déjalo enfriar sobre una rejilla o un paño de cocina limpio.

Bruschetta

Uno de los frutos de la cosecha que más perdura es el precioso tomate. Rojo, redondo e implacable, cuantos más recoge el jardinero, más crecen. Un buen año suele terminar en desesperación, con tomates abandonados junto a las puertas de los vecinos por la noche, dados de comer a ardillas poco dispuestas o convertidos en salsa de tomate en cantidades que bien podrían rivalizar con las de una tienda al por mayor.

Afortunadamente, el tomate es en realidad una fruta (o verdura) versátil. Va bien en sopas y salsas. También se guisa bien, se seca bien y además lo puedes usar para indicar que no te ha gustado un espectáculo.

Sirve este plato sobre rebanadas de pan tostado. También va bien como guarnición de sopas, guisos y carnes.

Ingredientes:

- 1 taza de tomates cortados en dados

- media taza de aceite de oliva
- 1 taza de albahaca fresca (2 cucharadas si está seca)
- 4 dientes de ajo y 1 cucharada de ajo picado o ajo en polvo
- 1 cucharada de ajedrea (opcional)
- pimienta negra al gusto
- queso parmesano (opcional).

Precalienta el horno a 180 °C.

Corta los tomates en dados y colócalos en una fuente de horno. Añade el aceite de oliva y las hierbas. Remueve hasta que los ingredientes estén bien distribuidos. Hornea de 10 a 15 minutos. Adorna con pimienta negra y queso parmesano si lo deseas. Sírvelo sobre rebanadas de pan tostado, sobre galletas saladas o sobre cualquier otro alimento que te apetezca.

Pepino a la miel

Esta delicia procede de la tradición polaca del Dozynki (la Cosecha en Casa). Aunque quienes disfrutan de la comida polaca suelen pensar en *pierogi,* salchichas y col, la dieta polaca también tiene afinidad por otros ingredientes. El pepino es especialmente popular, modera el chucrut, se convierte en un maravilloso encurtido de eneldo e incluso puede hacer que el agua sepa un poco mejor.

Ingredientes:
- pepino
- miel o jarabe de arce
- sal (opcional).

Antes de pelarlo, corta cada extremo del pepino. Frota el trozo cortado con un movimiento circular contra el extremo cortado. Puede salir una sustancia lechosa haciendo espuma y goteando del pepino. Este proceso reduce el amargor. Haz esto con ambos extremos y, a continuación, enjuaga el pepino y desecha los extremos cortados. Pela el pepino y corta la pulpa en tiras. Rocía miel por encima (o sirope de arce para los veganos) y añade una pizca de sal si lo deseas. Sírvelo inmediatamente.

Cazuela de judías verdes

Las judías verdes también entran en esa categoría de «cógelas y volverán a crecer». Afortunadamente, también se congelan bien: basta con escaldarlas durante un minuto y guardarlas en una bolsa de plástico hermética. En los últimos años, algunos cocineros aventureros han descubierto que las judías verdes aguantan bien empanadas y fritas, aunque es mejor reservar esa receta para un capricho de una vez al año. Dado que las judías verdes, al igual que los tomates, pueden apoderarse de tu vida, aprender a comerlas como plato principal te ayudará a controlar su proliferación. En este caso, la cazuela cuenta con las judías verdes como ingrediente principal.

Las cazuelas son una peculiaridad regional. Algunos cocineros sostienen que cualquier plato estratificado sin gelatina puede considerarse una cazuela. En Minnesota y Iowa, los cocineros insisten en que el plato caliente es lo mismo que una cazuela. Otros habitantes del Medio Oeste de Estados Unidos, sin embargo, hacen una distinción: el plato caliente siempre lleva una capa de pasta. En lugar de pasta, los que viven fuera de las regiones septentrionales utilizan sopa condensada de champiñones y patatas, normalmente en dados y a veces incluso con patatas fritas en la mezcla.

Esta receta utiliza la regla de la estratificación, pero abandona toda la pasta y las setas. Es ideal para aquellos a los que les gusten las judías con algo crujiente.

Ingredientes:

- medio kilo de judías verdes
- 1 lata de crema de sopa de tomate o 1 taza de yogur sin sabor ni azúcar (lácteo o de soja)

- 1 cucharada de rábano picante
- 1 cucharadita de salsa Worcestershire*
- un cuarto de cucharadita de sal
- 1 diente de ajo picado
- un cuarto de cucharadita de pimentón
- 1 taza de almendras molidas.

Precalienta el horno a 180°C.

Lava y recorta los extremos del tallo de las judías verdes. Colócalas en una fuente de horno engrasada de unos 20 x 20 x 5 cm.

En un bol mediano, mezcla la crema de sopa de tomate, el rábano picante, la salsa Worcestershire, la sal, el ajo picado y el pimentón. Vierte la mezcla sobre las alubias y hornea con la fuente tapada, durante una hora aproximadamente. Después, retírala del horno y añade las almendras, formando una capa por encima.

*Existen versiones veganas de la salsa Worcestershire en el mercado; también puedes hacer la tuya propia en casa utilizando melaza y vinagre como ingredientes base.

Chili con judías

Hay algo en el chili que simplemente anuncia «otoño». Es un plato clásico para entrar en calor, una de esas comidas reconfortantes que señalan la caída de las hojas y una temporada de tradiciones inminentes. Los puristas del chili insisten en que el chili debe ser vegetariano. Si añades carne al guiso de judías, tendrás chili con carne.

Esta receta vegetariana se centra en la judía y el pimiento.

Ingredientes:
- un cuarto de taza de aceite de oliva
- 2 tazas de cebollas picadas
- 6 dientes de ajo picados (también puedes ahorrar tiempo comprando un bote de ajo ya picado)

- 2 cucharadas de chile en polvo
- 2 cucharaditas de orégano seco
- media cucharadita de pimienta de cayena (opcional, para los que disfruten mucho del picante)
- 3 latas de unos 450/480 ml de alubias negras, escurridas, reservando media taza de líquido
- 1 lata de unos 480 ml de salsa de tomate.

Calienta el aceite en una olla grande y pesada a fuego medio-alto. Añade las cebollas y el ajo y saltea hasta que las cebollas se ablanden (unos 10 minutos). Mezcla el chile en polvo, el orégano y la cayena y remueve durante 2 minutos. Mezcla las alubias, el líquido reservado de las alubias y la salsa de tomate. Lleva el chile a ebullición, removiendo de vez en cuando. Reduce el fuego a medio-bajo y deja cocer a fuego lento hasta que los sabores se mezclen y el chili espese, removiendo de vez en cuando, durante unos 15 minutos. Sazona al gusto con sal y pimienta.

Remolachas asadas

En los últimos años, ha surgido un secreto enterrado en las profundidades de la tierra: se supone que las remolachas saben *bien*. Encurtirlas y hervirlas impedía que el mundo disfrutara de la maravilla que son. Sin embargo, gracias a los movimientos alimentarios locales, esto ha cambiado. Las remolachas asadas forman parte del menú, y están buenas.

Ingredientes:

- dos o más remolachas
- queso feta
- nueces.

Precalienta el horno a 230 °C.

Forra una bandeja de horno con papel de aluminio. Enjuaga las remolachas. Retira las hojas verdes y resérvalas (las hojas de remolacha son un excelente ingrediente para ensaladas.) Coloca las remolachas enjuagadas en la bandeja y ásalas hasta que estén blandas. Puedes comprobarlo poniéndote un guante para horno y apretando ligeramente la remolacha: cederá un poco bajo la presión. Esto puede tardar entre 45 y 90 minutos. Cuando las remolachas se ablanden, sácalas del horno y déjalas enfriar en la bandeja. Pela las remolachas; la piel se desprenderá bajo los dedos con un ligero apretón. Coloca las remolachas en un bol y desecha las pieles y el papel de aluminio.

Corta las remolachas en rodajas y sírvelas. Adorna con queso feta y nueces.

Pastel de remolacha

Además de tener un sabor dulce cuando se asan, las remolachas son un fabuloso sustituto de la mantequilla y el azúcar cuando se hornean. Eso sí, lo tiñen todo de rojo, a menos que utilices remolachas doradas. Esta receta surge de experimentar con remolachas en postres y platos principales. Las remolachas rojas combinan excepcionalmente bien con el chocolate negro.

Ingredientes:

- 1 taza de remolachas asadas y peladas
- 2 tazas de harina de trigo o de almendra
- media taza de cacao en polvo
- 1 onza de chocolate para hornear sin azúcar, derretido
- 1 taza de melaza
- 1 cucharadita de pimienta de Jamaica
- 1 cucharadita de canela
- 1 cucharadita de jengibre.

Precalienta el horno a 190 °C.

Mete todos los ingredientes en un robot de cocina. Ponlo en marcha hasta que la mezcla adquieran la consistencia de una masa para tartas. Vértela en un molde engrasado de unos 33 x 23 cm. Hornea hasta que al insertar un palillo de dientes o un tenedor salga limpio. El horneado puede durar hasta 55 minutos.

Mantequilla de manzana

La manzana es la fruta del otoño, sobre todo en Europa y Norteamérica. Entre la mitología de la fruta que va del Edén a Troya y sus beneficios estacionales, es casi un requisito indispensable en cualquier fiesta de Mabon. Como con muchas otras cosechas otoñales, su abundancia puede pillarte por sorpresa; afortunadamente, muchas personas han encontrado formas ingeniosas de aprovechar las manzanas que van mucho más allá de mojarlas en caramelo o prensarlas en sidra.

Ingredientes:

- medio kilo de manzanas dulces peladas, sin corazón y cortadas en rodajas
- 2 cucharaditas de vinagre de sidra de manzana
- media taza de sirope de arce
- un cuarto de cucharadita de canela molida
- un octavo de cucharadita de clavo molido
- un octavo de cucharadita de pimienta de Jamaica molida.

Mete las manzanas y el vinagre en una olla grande de cocción lenta. Coloca la tapa encima, pon el fuego alto y cocina durante 8 horas. Pon la olla de cocción lenta a fuego bajo y continúa la cocción 10 horas más. Después de 18 horas, añade el sirope de arce, la canela, el clavo y la pimienta de Jamaica. Cocina otras 4 horas. Vierte el resultado en tarros de cristal y refrigéralo hasta que esté listo para su uso.

Manzanas asadas

Ingredientes:

- 4 manzanas, sin corazón
- 1 cucharada de pasas
- 1 cucharada de sirope de arce
- 1 cucharadita de canela
- 1 clavo por cada manzana.

Coloca las manzanas en un plato apto para microondas. Dentro del hueco de la manzana, añade el sirope de arce, las pasas y las especias. Calienta toda la manzana en el microondas a potencia alta durante un máximo de tres minutos. Sírvela de inmediato.

Chips de manzana

Ingredientes:

- 6 cucharadas de azúcar glas
- 2 manzanas de la variedad Granny Smith.

Precalienta el horno a 110 °C y forra 2 bandejas grandes para hornear con papel para horno.

Tamiza 3 cucharadas de azúcar glas uniformemente sobre las bandejas de horno forradas. Corta las manzanas en rodajas finas. Coloca las rodajas formando una capa sobre las bandejas y espolvoréelas uniformemente con las 3 cucharadas restantes de azúcar glas. Hornea las rodajas en el tercio superior del horno, pasando al tercio inferior a mitad de horneado, unas 2 horas y cuarto en total, o hasta que las rodajas estén de un dorado pálido y empiecen a estar crujientes. Retira inmediatamente los chips de manzana del papel de horno y déjalos enfriar sobre una rejilla. Los chips de manzana se conservan en un recipiente hermético a temperatura ambiente durante 2 semanas.

Frutos secos tostados con especias

Los frutos secos forman parte del otoño tradicional hasta el punto de que tienen su propia fiesta. En Inglaterra, ¡el 14 de septiembre se convirtió de hecho en un día para que los niños fueran a recoger frutos secos! Esta recolección de nueces se llamaba *going nutting*, algo así como «ir de frutos secos». Las almendras, las pacanas y las nueces surgen todas alrededor del Mabon, y contienen proteínas y grasas beneficiosas. Puedes sacar el máximo partido a los frutos secos con la ayuda de un horno o un robot de cocina.

Esta receta surgió después de que una bolsa especialmente grande de frutos secos languideciera demasiado tiempo en un armario. Los frutos secos pueden conservarse de forma indefinida, incluso después de cocerlos, pero a veces hace falta utilizar el espacio que ocupan. Son una alternativa interesante a los picatostes y las galletas saladas en sopas y ensaladas. La media taza de aceite puede parecer demasiado, pero no lo es: el exceso de aceite es la mejor manera de asegurarse de que las especias penetran bien en los poros de los frutos secos.

Ingredientes:

- media taza de aceite de oliva (o de girasol)
- 1 cucharadita de chile en polvo
- 1 cucharadita de ajo en polvo
- 1 cucharadita de pimentón
- 1 cucharadita de sal
- medio kilo de frutos secos.

Precalienta el horno a 180 °C.

En un bol grande, mezcla el aceite y las especias. Incorpora los frutos secos hasta que queden bien cubiertos con el aceite. Esparce los frutos secos en una capa uniforme sobre una bandeja de horno. Hornea de 8 a 10 minutos, o más si prefieres un resultado más caramelizado. Una vez enfriados los frutos secos sobre un trozo de papel de cocina, guárdalos en un recipiente hermético. Puedes disfrutarlos como aperitivo o guarnición.

Mantequilla de nueces

Esta rica alternativa a otras mantequillas de frutos secos es fácil de hacer.

Ingredientes:
- 1 taza de nueces
- 1 cucharadita de aceite de nuez.

Mete al menos una taza de nueces en un robot de cocina y ponlo en marcha hasta que la mezcla alcance una consistencia mantecosa o aceitosa. Ayuda en este proceso añadiendo a la mezcla más o menos una cucharadita de aceite de nuez. Guarda la mantequilla en un recipiente hermético. Puedes utilizarla en sándwiches o como sustituto de la mantequilla de cacahuete.

Salsa de fisalis

El fisalis, también conocido como cereza de tierra, crece silvestre cerca de las carreteras en algunas partes de Estados Unidos y madura a principios de otoño. Tiene un aspecto similar al de los tomatillos con cáscara. Sin embargo, una vez que se desprende la cáscara, su sabor es completamente diferente. Son dulces y únicos, con un toque de cítricos y fresa. Muchos cocineros están descubriendo ahora todo lo que se puede hacer con ellos. La salsa de fisalis es una excelente opción.

Ingredientes:
- 1 taza de agua
- 1 taza de azúcar blanca
- 1 cucharada de extracto de vainilla
- 1 cucharadita de canela

- un cuarto de cucharadita de nuez moscada molida
- un cuarto de cucharadita de clavo molido
- 4 tazas de fisalis, sin las cáscaras.

Pon el agua, el azúcar, el extracto de vainilla, la canela, la nuez moscada y los clavos en una cacerola a fuego medio-alto. Llévalo a ebullición e incorpora los fisalis. Baja la temperatura y déjalo cocer a fuego lento hasta que los frutos estén transparentes. Deja enfriar hasta que puedas verterlo en bolsas de congelación resellables para congelarlo, o viértelo en tarros resistentes al calor, dejando al menos medio centímetro por encima. Coloca las tapas. Procesa la salsa (dentro de los tarros) durante 15 minutos en un baño de agua hirviendo. Sírvela sobre bizcocho, helado, galletas de mantequilla o yogur.

Relish de granada y menta

Perséfone es famosa por haberse comido seis semillas de esta fruta, lo que la condenó a quedarse atrapada en el Hades por ello. Tú no tendrás que sufrir como ella.

La parte comestible de la granada son sus semillas. Para llegar a ellas, corta la parte superior de la granada. A continuación, corta los lados donde veas los divisores blancos de los gajos. Haz palanca para abrir la granada y retira los divisores de los gajos. Después, solo tienes que arrancar las semillas y comértelas, con pulpa y todo. Puedes utilizar una cuchara para hacerlo, ¡el zumo gotea por todas partes!

Hay muchas formas de disfrutar de una granada, ya sea con un extracto como un zumo o un jarabe, o utilizando la semilla entera.

Ingredientes:

- media cebolleta pequeña, picada
- una taza y media de semillas de granada (de unas tres frutas)

- media taza de aceite de oliva
- 1 cucharada de zumo de limón fresco
- 1 cucharada de vinagre de sidra de manzana
- 1 taza de menta fresca finamente picada
- sal y pimienta recién molida.

Mezcla la cebolleta, los granos de granada, el aceite de oliva, el zumo de limón, el vinagre y la menta picada en un bol pequeño; sazona con sal y pimienta. Enfría durante al menos una hora; puede prepararse con un día de antelación.

Naranjas con melaza de granada y miel

Es posible que puedas comprar melaza de granada en alguna tienda especializada en cocina. Si eres vegano, puedes sustituir la miel por sirope de arce.

Ingredientes:

- 8 naranjas de ombligo grandes. Pela y corta la médula blanca, y después corta las naranjas en rodajas finas
- un cuarto de taza de miel
- 3 cucharadas de melaza de granada
- media cucharadita de canela molida
- un cuarto de cucharadita de sal
- 8 dátiles grandes, deshuesados y picados.

Coloca las rodajas de naranja, superponiéndolas ligeramente, en una fuente con el borde grande. Bate la miel, la melaza de granada, la canela molida y la sal en un bol pequeño. Rocía de forma uniforme sobre las naranjas y espolvorea los dátiles picados. Deja reposar a temperatura ambiente.

Tapenada de higos y granada

Ingredientes:

- una cucharada y media de aceite de oliva
- 8 higos frescos maduros, sin tallo y partidos por la mitad
- media taza de aceitunas de Kalamata deshuesadas y algo picadas
- 2 cucharaditas y media de melaza de granada
- 2 cucharaditas de romero fresco picado
- media cucharadita de vinagre blanco
- media taza de nueces tostadas y algo picadas.

Precalienta la parrilla. Forra una bandeja pequeña para hornear con papel de aluminio. Unta el papel de aluminio con aceite de oliva. Unta ligeramente los higos con media cucharada de aceite de oliva. Coloca los higos, con la parte cortada hacia arriba, dentro de la bandeja. Ásalos hasta que los higos estén ligeramente dorados en los bordes, unos 3 minutos. Deja que se enfríen en la bandeja.

Mezcla los higos, las aceitunas, la melaza de granada, el romero y el vinagre en un robot de cocina. Alternando entre el botón de encendido y apagado, pica los higos y las aceitunas en trozos grandes. Con el motor en marcha, añade la cucharada de aceite restante y sazona al gusto con sal y pimienta. Pásalo a un bol e incorpora las nueces. Deja reposar la tapenada durante dos horas a temperatura ambiente para que se mezclen los sabores. (Se puede preparar con 5 días de antelación. Cúbrela y refrigérala, y después déjala a temperatura ambiente antes de servir).

Puedes servirla con pan, galletas saladas o sobre rodajas de manzana.

Artesanía para el Mabon

Los paganos suelen ser gente mañosa, tan fácilmente seducidos por las promesas que brillan en una tienda de abalorios como por cualquier librería de ocultismo. Como resultado, a menudo, el arte es magia y la magia es arte. Gran parte de este entretejido universal comienza mientras se hace artesanía. La estación otoñal conecta especialmente con el corazón de un artesano mágico, ¡hay muchos suministros que crecen literalmente en los árboles y caen al suelo en esta época!

Arte con cultivos

El arte con cultivos utiliza partes de una planta en lugar de pintura para crear una imagen. Puedes utilizar semillas, judías y otros trozos de plantas secas para crear imágenes en mosaico y esculturas. Esto puede proporcionarte todo un nuevo abanico de cosas que hacer con las semillas sobrantes de tu jardín. Tal vez quieras utilizar cosas que hayas cultivado tú mismo para hacer un mosaico de este tipo con el que conmemorar cada cosecha; los que viven en apartamentos también podrían disfrutar obteniendo semillas y piezas secas de los agricultores locales y creando un mosaico como vínculo entre sus propios hogares y el de la comunidad en general.

Necesitarás:

- semillas, ya sean todas iguales o de diferentes formas y tamaños. Si utilizas un solo tipo de semilla, procura centrarte en la forma del objeto en lugar de añadir detalles. Arroz, judías, granos de maíz, pipas de girasol, semillas que suelten las plantas del jardín y trozos de paja seca son solo algunos ejemplos entre las opciones que hay.
- una superficie plana y seca como cartón, cartulina, lona o casi cualquier otro material. Incluso puedes abrir una caja vieja de cereales y utilizar ese cartón como lienzo para tus semillas.
- un lápiz o una tiza
- un pincel
- una cuchara
- pegamento, como la cola especializada para manualidades
- un spray adhesivo de fijación para cuando el proyecto esté terminado
- un área de trabajo bien ventilada
- en el lienzo elegido, esboza la imagen que deseas crear con tiza o lápiz. Utiliza el pincel para esparcir la cola dentro de las líneas. Presiona con cuidado las semillas y demás materia vegetal sobre la cola. Tal vez quieras definir cada sección de la imagen con una planta diferente. Por ejemplo, si quieres representar una sirena pelirroja, utiliza lentejas para el pelo y guisantes verdes secos para la cola.

A algunos artistas les gusta añadir colorante de pintura a las semillas después de que la cola se haya secado.

Si deseas hacer una obra de arte permanente, añade un adhesivo en spray después de que la cola se haya secado. Si prefieres devolver tu obra de arte a la naturaleza después del Mabon, y si has utilizado un lienzo biodegradable, puedes cortar la imagen en trozos y enterrarlos en tu propiedad o en macetas si quieres ver lo que puede brotar.

Efigies de espantapájaros

De entre todos los *sabbats*, el Mabon es el que más reclama una efigie. Las efigies pertenecen a la misma familia mágica que los muñecos de trapo, pero son más grandes y a menudo están hechas de materia vegetal.

Necesitarás:

- un conjunto de ropa vieja; pantalones y una camiseta
- una funda de almohada vieja; las bolsas de plástico de la compra también pueden servir
- hojas secas para el relleno
- un palo de entre dos metros y dos metros y medio de altura
- un palo de un metro y medio de altura (para utilizarlo como palo horizontal de la cruz)
- pinzas de la ropa o imperdibles
- cordel
- un rotulador.

En primer lugar, rellena la bolsa de plástico o la funda de almohada con hojas. Esto formará la cabeza del espantapájaros. Cierra la parte inferior con pinzas para la ropa, imperdibles o un poco de cordel. A continuación, inserta la cabeza en el palo más largo introduciendo el palo en el «cuello» y deteniéndolo justo cuando llegue a la parte superior de la cabeza. Ponle la camiseta (por la parte del cuello) hacia arriba por el palo hasta que se encuentre con la cabeza. Sujétala con imperdibles o pinzas para la ropa. Utiliza la ubicación de la camisa y los agujeros de los brazos para determinar dónde fijar el palo de metro y medio. Utiliza el cordel para fijar este palo a modo de brazos.

A continuación, mete el palo vertical por una pierna del pantalón y colócalo debajo de la camisa. Sujétalo por el dobladillo y la cintura con imperdibles o pinzas para la ropa. Ata la otra pernera del pantalón con cordel y rellénala con hojas secas. Coge un trozo de cordel y pásalo desde la trabilla del cinturón hasta debajo de la camisa. Vuelve a pasar el cordel y átalo en la trabilla. Repite la operación en el otro lado. Introduce el palo en la tierra para poder rellenar el espantapájaros en posición vertical. Rellena con hojas la camisa, a través de los agujeros para los brazos y dentro de los pantalones. Ata todas las aberturas. Con el rotulador, dibuja una cara en el espantapájaros. Si piensas utilizarlo como efigie ritual, es apropiado pintarle una expresión solemne o incluso algo consternada. Fija el sombrero, la bufanda y cualquier otro accesorio que desees con imperdibles.

Aceite de Mabon

Puedes utilizar este aceite para ungir tus velas para el *sabbat* o para bendecir las pequeñas efigies que hagas con la fuerza del día.

Necesitarás:

- 1 cucharada de aceite de girasol
- 1 pizca de hojas de salvia blanca
- 1 pizca de hojas de romero
- unas cuantas semillas de manzana.

Combina los elementos en un tarro o frasco de cristal. Deja el tarro al sol durante dos o tres días.

Incienso de Mabon

Se trata de un incienso suelto, lo que significa que solo tienes que mezclar las hierbas y dejar caer una pizca sobre un trozo de carbón de incienso o en el fuego.

Asegúrate de que todas las hierbas estén secas. Si no estás seguro, extiende las hierbas sobre una bandeja para galletas y caliéntalas en un fogón a 120 °C durante 90 minutos.

Necesitarás:

- una pizca de caléndula
- una pizca de menta verde

- una pizca de salvia
- de 2 a 3 clavos de olor (según tus preferencias personales).

Mezcla una pizca de caléndula con partes iguales de menta verde y salvia. Añade de 2 a 3 clavos a la mezcla. Asegúrate de que todas las plantas estén totalmente secas antes de mezclarlas.

Guarda el tarro de incienso en un lugar fresco y seco hasta que esté listo para su uso.

Baño de Mabon

Los baños rituales utilizan hierbas como forma de que el bañista entre en sintonía con el ritual que le espera. Si no dispones de una bañera, también puedes verter mezclas sobre tu cabeza o aplicarte polvos sobre el cuerpo.

Necesitarás:

- 1 cucharada de salvia
- 1 cucharada de romero
- 1 cucharada de manzanilla
- un paño para queso o colador de malla pequeña
- media taza de sal marina
- 1 cucharada de bicarbonato sódico
- aceite esencial de sándalo.

En un cazo, prepara una decocción de salvia, romero y manzanilla a fuego medio-bajo. Cuece a fuego lento durante 3 minutos. Deja enfriar y cuela el líquido en un tarro o botella de plástico (esto es por seguridad: los baños son resbaladizos, y el cristal en una bañera es peligroso). En un tarro aparte, mezcla la sal marina y el bicarbonato sódico. Añade unas gotas de aceite perfumado de sándalo. Guarda las sales de baño en un tarro resistente.

Cuando quieras darte un baño, llena la bañera de agua. Antes de meterte dentro, vierte la mezcla de sal marina y después el preparado líquido. Remueve el agua del baño hasta que se disuelvan los cristales de sal. Una vez disueltos, báñate como de costumbre.

Portavelas de manzana

Las manzanas maduran en otoño, y a veces una bolsa de manzanas contiene más de lo que una familia puede comer. En lugar de dejar que se pudran, puedes añadir un poco de funcionalidad a la decoración de tu altar con portavelas de manzana. Cuando termines, podrás comerte cualquier parte de la manzana en la que no haya goteado la cera.

Esto puede servir con velas cónicas, votivas o velas de té, aunque es ligeramente mejor para las dos últimas.

Necesitarás:

- un cuchillo de pelar
- tantas manzanas como desees
- una cuchara.

Corta aproximadamente medio centímetro de la parte inferior de la manzana para asegurarte de que queda una superficie plana.

A continuación, corta un círculo alrededor del tallo superior de la manzana. Después, corta la parte superior de la manzana alrededor de las líneas del círculo, justo por debajo del centro del tallo. Coge una cuchara y saca el interior de la manzana hasta que hayas extraído la pulpa suficiente para que quepa la vela dentro.

Al final del ritual, ¡puedes hacer compost con las manzanas o comértelas!

Cuentas de oración de bellota

Muchos rituales y hechizos prescriben un cántico y un número de veces para repetirlo, pero a veces es difícil llevar la cuenta. Aunque cualquier sistema de cuentas o monedas puede servir, la temporada del Mabon presenta las propias cuentas de la naturaleza: ¡las bellotas! Reúne tantas bellotas como desees y clasifícalas en grupos. Por ejemplo, a menudo los cánticos se dan en agrupaciones de números sagrados, como el tres, el siete, el nueve o el trece.

Necesitarás:

- bellotas, tantas como sea posible
- cordel
- un taladro pequeño (los taladros manuales son buenos para esto)
- tijeras.

Separa el número concreto de bellotas que desees para tu cordel de oración. Corta un trozo de cordel para cada agrupación de bellotas. Taladra un agujero en cada bellota. Ensarta cada bellota en el cordel y anuda ambos extremos.

Puedes rellenar las bellotas de los extremos con una gota grande de cola caliente para evitar que se deslicen todas de la cuerda.

Muñecos de bellota para las preocupaciones

Necesitarás:

- bellotas
- una pequeña bolsa con cordel.

En Guatemala, los niños y adultos que padecen insomnio llenan una bolsita con muñequitos de colores. El insomne saca cada muñeco y le cuenta una preocupación. Mientras esta persona duerme, el muñeco se lleva la preocupación. Los guatemaltecos no son los únicos que utilizan un poco de magia para tratar la ansiedad; los antiguos griegos frotaban piedras del tamaño de un pulgar como medio para aliviar las tensiones.

Nuestros antepasados utilizaban lo que tenían a su alrededor para su magia, y nosotros podemos hacer lo mismo. Puedes simplemente reunir bellotas en una pequeña bolsa con cordel y, como a un muñeco para las preocupaciones, contarle a cada una de ellas algo que te preocupe. Si una bellota desaparece, puedes suponer que se ha ido para ocuparse de algo por ti.

Portavelas de hojas

Esta actividad es estupenda para los artesanos principiantes. Un portavelas con un tarro de cristal te ofrece protección contra el viento, decoración y, cuando hayas terminado, ¡almacenamiento de velas!

Necesitarás:

- Un tarro de cristal

- Cola blanca para manualidades
- Hojas de otoño secas y aplastadas
- Brocha

Puedes prensar las hojas entre las páginas de un libro durante unos días antes de utilizarlas para este proyecto.

Pinta el interior del tarro con el pegamento. Presiona suavemente las hojas sobre el pegamento, con el lado que deseas que se vea hacia el exterior. La cola blanca se vuelve transparente al secarse, así que sí, verás el color real de la hoja en el otro lado del cristal. Puedes utilizar un palillo para alisar la hoja contra el cristal.

Deja que el tarro se seque durante unas dos horas. Después, introduce una vela de té o una vela votiva. Asegúrate de prestar atención cuando enciendas velas dentro el tarro: ¡las hojas pueden prenderse y el cristal puede calentarse mucho!

Figuras de palitos

¿Recuerdas el viejo recurso de la gente que no sabe dibujar, la figura hecha con palitos? Las líneas representaban las partes del cuerpo con un círculo encima para la cabeza. Si querías tirar la casa por la ventana, podías añadir un sombrero.

¡Ahora puedes hacer una figura de palitos con palitos de verdad! Encontrarás muchos por el suelo cuando recojas hojas de otoño para otros proyectos, y esto te ofrece una cómoda alternativa a la habilidad que se necesita para fabricar un muñeco de maíz.

Necesitarás:

- 5 palos de no más de 15 centímetros de longitud
- hojas, bellotas o pétalos de flores que desees añadir
- pegamento (una pistola de cola o pegamento estándar para manualidades puede servir)
- un periódico.

Reúne ramitas caídas al suelo, junto con hojas, corteza y cualquier otro material natural que desees para hacer tu figura de palitos.

Extiende papel de periódico sobre una superficie plana. Coloca un palo delante de ti. Dispón los otros cuatro palitos separados unos centímetros en una ligera diagonal para representar los brazos y las piernas. Pega los palitos en su sitio. Añade una hoja en la parte superior del primer palito y pégala en su sitio. Añade y pega flores, bellotas, etc. Puedes pegar unos ojos saltones o utilizar un rotulador para dibujar una cara. Puedes utilizarlo como muñeco o incluso como efigie en miniatura. Trata a tus figuras de palitos con amabilidad.

Corona de hojas de verdad

Las coronas como adorno se remontan a los antiguos etruscos. En Etruria, los gobernantes las llevaban en la cabeza. Los antiguos griegos las llevaban para indicar la ocupación y el rango social. También hacían una corona, tejida con plantas de la cosecha, y la colgaban en la puerta hasta el año siguiente. La corona también aparecía como un indicador de que había terminado la cosecha durante las celebraciones de la Cosecha en Casa, ¡así que parece apropiado hacer una para colgarla en tu propia puerta! La corona de hojas de verdad está compuesta por hojas de otoño conservadas. Tiene un tacto más ligero que las variaciones tradicionales; por ello, cuando la cuelgues puede ser buena idea añadir un poco de cinta adhesiva extrafuerte de doble cara para asegurarte de que se mantiene en su sitio.

Necesitarás:

- unas 50 hojas de otoño
- un recipiente grande; las bandejas para horno también pueden servir
- un recipiente que quepa dentro del más grande

- un cuarto de taza de glicerina vegetal (esto ayuda a conservar las hojas)
- media taza de agua
- pegamento o una aguja, tijeras e hilo
- una cuchara.

En el recipiente más grande, mezcla la glicerina y el agua con una cuchara. Añade las hojas a la solución; el líquido debe cubrirlas por completo. Coloca el recipiente más pequeño encima de las hojas. Deja que las hojas reposen dentro de la solución durante tres días. El tercer día, retira las hojas de la solución. Sécalas con un paño o un trozo de papel de cocina. Después, puedes dejar que las hojas se sequen uno o dos días más. Pega o cose las hojas siguiendo un patrón circular.

Deja que el pegamento se seque antes de colgar la corona. Puedes conservar la corona entre temporadas guardándola en una caja entre hojas de papel encerado.

Diario de gratitud

El Mabon es una temporada en la que se celebra que tenemos lo que necesitamos, y está muy alineada con las fiestas de Acción de Gracias que se celebran en algunos países. Esto la convierte en una época del año excelente para empezar un diario de gratitud. Una vez al día, escribe en un cuaderno especial algo por lo que te sientas agradecido. Algunos días puede que tengas más de una cosa. Otros días te costará pensar en una sola idea. Sigue adelante con ello. Puede que incluso quieras decorar las páginas, hacer dibujos en ellas o incluir fotos, historias cortas y anécdotas sobre aquello por lo que te sientes agradecido. No pasa nada si repites algo.

Todo lo que necesitas para ello es un cuaderno y un bolígrafo. Puedes añadir otros materiales según te convenga.

Decoración para el Mabon

Decorar es una forma de entrar en sintonía con el paso de las estaciones, ya sea simplemente cambiando los colores de las velas de tu altar o engalanando la casa con los colores del otoño. En las tiendas abundan las opciones de decoración estacional: si puedes limitarte a comprar lo que necesites para adornar tu casa, puedes disfrutar de ello. Sin embargo, si deseas vivir más de cerca las tradiciones, crear la decoración estacional de tu casa es una forma de hacer que el *sabbat* y tu propio hogar sean mucho más personales. A los niños les encantan especialmente las manualidades; es una buena forma de involucrarlos en las tradiciones religiosas del hogar que les permite comprender los rituales domésticos de forma concreta.

Las decoraciones para el Mabon deben reflejar las decoraciones otoñales habituales. Los colores suelen ser rojos, amarillos, naranjas, verdes apagados y marrones. Los motivos de hojas y árboles son comunes, así como la aparición del trigo, el maíz, el centeno y las semillas. Todo el material natural que cae al suelo en otoño constituye una magnífica decoración para el Mabon. A algunas personas les gusta utilizar temas de cornucopias en esta época, por la asociación con el Mabon y porque se cree que su forma atrae la abundancia.

Hay quien prefiere fabricar sus propios adornos o incluso elaborar objetos funcionales para su práctica. Fabricar herramientas mágicas es una tradición, aunque no un requisito. Si lo deseas, puedes explorar en Internet para encontrar más ideas de manualidades para el Mabon y el otoño.

En el caso de los *sabbats* de la cosecha, la comida es un elemento esencial del ritual. Los paganos no solo dan las gracias por la nutrición de la tierra, sino también porque los dioses revelaron los misterios de la agricultura a la humanidad para que pudiéramos tener una forma de prepararnos para el invierno y para sobrevivir a las condiciones más duras que el año puede depararnos.

ORACIONES E INVOCACIONES

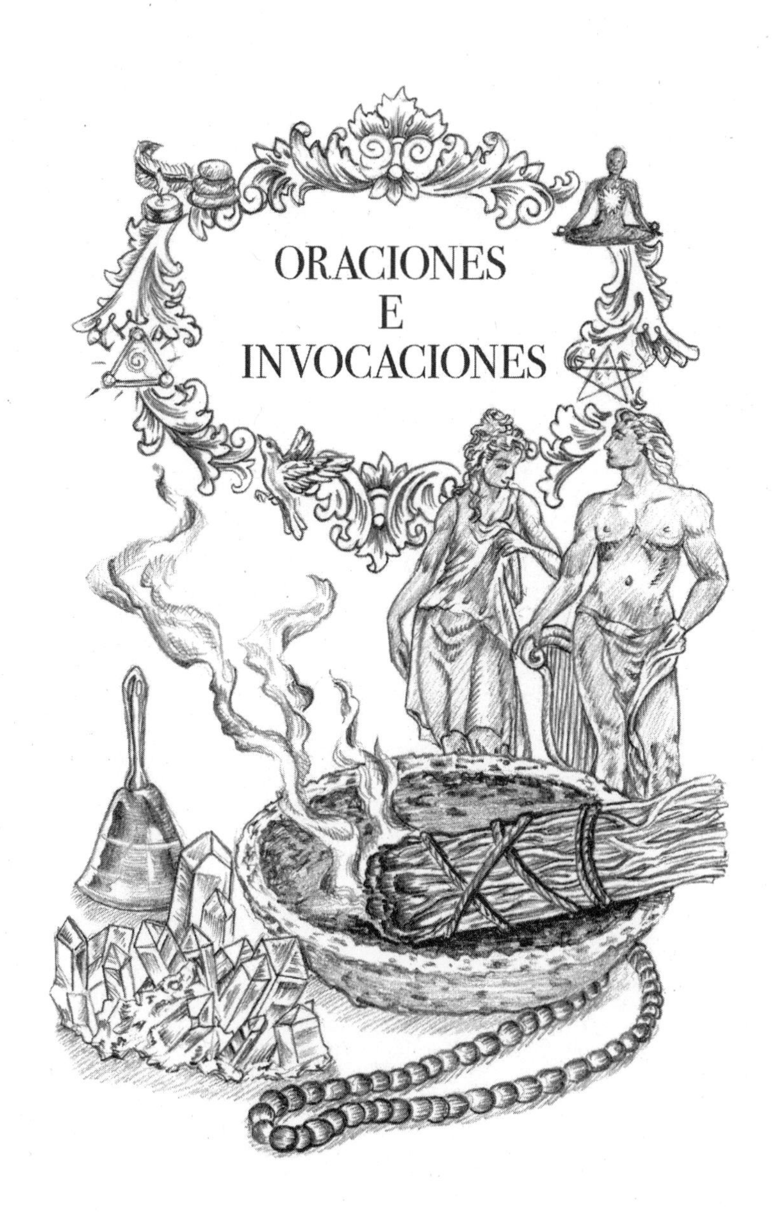

sm – purification, prosperity, the mysteries of autumn equ

stors, echinacea – healing, strengthening hyssop – purifica

n, patience, loyalty, eternal life, concentration, love myrrh

rification, protection, spirituality Solomon's seal – exorc

purification, connecting to ancestors, connecting to land ya

– protection, luck, health, money, fertility, Pine – healing

rotection, prosperity, health, the sea Maple – love, friend

prosperity, healing, prosperity, sleep Flowers carnation –

igold – protection, healing sunflower – purity, optimism

o stones specifically associated with Mabon. However, sto

sun dials are appropriate to this holiday. Animals, totem

ng animals in the Mabinogion that helped lead Arthur's

world the Blackbird – one of the guiding animals in the

ity men to Mabon; brings messages of other worlds to th

the guiding animals in the Mabinogion that helped lead

nting and wisdom the Eagle – one of the guiding animals

l Arthur's men to Mabon; associated with wisdom, insig

on – one of the guiding animals in the Mabinogion that

n of knowledge and past and future the Goose – goose are

Los paganos no solemos utilizar catecismos ni tener liturgias centrales en nuestras teologías. Esto significa que no tenemos invocaciones y oraciones oficiales. Lo que tenemos en su lugar son invocaciones caseras basadas en poemas épicos, himnos homéricos y el concepto básico de pedir con amabilidad. Todo lo que hay a continuación son invocaciones y oraciones sencillas; puedes incluirlas en rituales que estés escribiendo, usarlas como inspiración para crear tus propios ritos, o utilizarlas como plantilla a seguir cuando diseñes tus invocaciones.

Al escribir cualquier invocación u oración, es importante prestar atención a los detalles de un dios determinado. Por ejemplo, puede que quieras invocar a Atenea, pero Atenea tiene muchos aspectos. ¿Buscas a la erudita, al icono feminista, a la guerrera o a la instructora en humildad? Todo a la vez puede ser demasiado como para poder manejarlo. Dedica tiempo a leer y familiarizarte con un dios antes de invocarlo o hacerle peticiones. Algunos dioses no querrán satisfacer tus peticiones, y otros no tendrán ningún interés en el ritual ni en ti. A menudo suele ser por una cuestión de resonancia. Escuchar a tu instinto (en lugar de solo imaginártelo) puede conducirte a la personalidad adecuada para el trabajo adecuado y darte una idea sobre la forma correcta de dar las gracias por esa ayuda o devolver la energía. Sin embargo, especialmente para los que son nuevos en las prácticas rituales en las que los dioses llegan a hablarles, puede llevar algún tiempo lograr escucharlos y desarrollar ese instinto visceral. La investigación puede llevarte allí donde la intuición no está preparada para hacerlo.

Antes de iniciar un ritual completo invocando a una deidad, tómate un tiempo de oración y meditación para presentarte a ese ser. Algunas de las invocaciones aquí expuestas pueden utilizarse para este fin. Traza un círculo, pronuncia la invocación y luego pide verbalmente un tiempo de comunicación para conoceros mutuamente. Acompaña esto con una ofrenda, ya sea una libación o la quema de incienso o una vela. Tanto si estas ofrendas son más efectivas como si no, o si mejoran la energía, suelen ser de buena educación.

Aunque la cultura pop a menudo tiene versiones juguetonas de las personalidades y rasgos de los dioses, es una buena idea acudir a las fuentes que alimentaron esas creaciones modernas. Así que, por muy maravillosos que sean Hércules y Xena, intenta ir primero al material original. Busca lo que los antiguos griegos escribieron sobre sus dioses, lo que el folclore del Mabinogion describía cuando se trataba de los dioses celtas o el Bhagavad Gita para el panteón hindú, etc. Ten en cuenta al leer y meditar sobre estas deidades que su contexto cultural está arraigado en su cultura de origen y que algunos pueden ver las cosas de un modo muy diferente al que crees. Incluso si tu concepto de dioses y formas divinas es estrictamente metafórico, sigue siendo buena idea tenerlo en cuenta aunque solo sea para evaluar cómo puede afectar tal invocación a tus propios patrones subconscientes.

Si buscas mejor información antes de invocar a una deidad, plantéate la posibilidad de utilizar Internet para encontrar el mayor número posible de fuentes:

- **Archivo de textos sagrados en Internet:** http://www.sacred-texts.com/
- **Google Books**: Si utilizas el cuadro de «herramientas de búsqueda», puedes hacer tu búsqueda en los libros

electrónicos gratuitos de Google. Aquí encontrarás muchos libros de los siglos XIX al XXI, algunos de los cuales contienen material de dominio público con algunas de las primeras informaciones conocidas sobre diferentes dioses y culturas.

- **Ishtar y Tammuz:** Ishtar y Tammuz tienen una celebridad especial en la cultura occidental: se encuentran entre los dioses paganos mencionados en el Antiguo Testamento de la Biblia. En particular, uno de los rituales estacionales de Tammuz consiste en que las mujeres del campo lloren sobre la tierra como acto simbólico de duelo por su muerte. Aun así, sabemos muy poco sobre los rituales de Ishtar y Tammuz. Si decides invocarlos, ve despacio: ellos, más que ninguno de los incluidos en este libro, requieren un ritual de introducción.

Invocación a Ishtar

Reina del Cielo,
miramos hacia el águila
para enviarte nuestros mensajes de amor.
Gran Madre, sacerdotisa de los cielos,
sé gentil con nosotros;
derrama tu lluvia sobre nuestros campos
como una vez lloraste por Tammuz.
Acúnanos para que aunque alcancemos el cielo
no nos precipitemos a la tierra,
pero ven con cuidado
cuando lleguen nuestros tiempos de barbecho.

Invocación a Tammuz

En nuestros momentos de lágrimas,
plantamos nuestras semillas
mientras tú, Tammuz,
yaces bajo la tierra para recibirlas.
Es con alegría que las sembramos,
la alegría que surge
de adentrarse en las profundidades,
yaciendo en silencio por debajo
para después elevarse y alcanzar la luz.
Nos estiramos, crecemos,
tu regreso promete el final de cada noche oscura,
de cada invierno del alma.
Guíanos a tu pueblo,
cuídanos bien,
para que podamos atender tu cuerpo
caído sobre la tierra.

Invocación a Deméter

Deméter es la gran diosa madre y la guardiana de los Misterios de Eleusis. El Mabon es una época profunda para ella, Perséfone y Plutón. Aunque gran parte de la tradición de la diosa del grano se centra en su efecto sobre la agricultura, sus historias ofrecen también muchas lecciones sobre la empatía y la compasión.

Madre del grano,
madre de todo lo que crece,
te tendemos la mano,
te ofrecemos nuestros brazos,
te devolvemos tu consuelo con nuestro consuelo,

tu amor con nuestro amor,
tu pérdida con nuestra pérdida.
Nos abrimos a tus Misterios,
alinéate,
escúchanos
obsérvanos.
Nos regocijaremos contigo como tú te regocijas.
Benditos sean tus Misterios.
Benditas sean tus Misericordias.
Bendita seas,
Madre del Trigo,
Diosa del Maíz,
La que hace cambiar las estaciones
por el sol, por el fuego, por el viento, por la lluvia.
Esperamos contigo el regreso de Perséfone.
Honramos tus lecciones mientras trabajamos la tierra.

Invocación a Kore

Dulce doncella al borde de la tierra,
no temas.
Tienes la fuerza de todas las mujeres dentro de ti.
¡Tienes el poder de tus amores para sostenerte!
Mientras desciendes,
nuestros corazones descienden contigo.
En todos nuestros anhelos humanos
es a ti a quien buscamos;
tu pensamiento
el que nos calienta en las noches oscuras.
Tú nos ayudas a recordar
los misterios de la primavera,
la luz que calienta la tierra,
la gracia del asombro

mientras contemplamos
los milagros de este mundo
aunque echarte de menos sea agridulce.
Anhelamos descansar en la oscuridad.
Es porque tú estás debajo
que podemos descansar.
Te saludaremos al borde de la tierra
cuando la nieve se hunda en el suelo
para oír tus lecciones para nosotros;
para contemplarte como mujer.

Invocación a Perséfone

Reina del inframundo,
te saludamos
con libaciones, fruta, miel, perfume.
Habla
para que podamos oír
las voces de nuestros antepasados
mientras la tierra se seca y se oscurece.
Caminos amarillos
marcan tus senderos de descenso.
Te damos ahora
lo que quisiéramos dejar descansar;
representamos el dolor, el amor
guardado en nuestros pechos
para ti, oh, Reina de los Muertos.
Que nuestros propios corazones sean ligeros
cuando nos encontremos contigo.

Invocación a Plutón

Rey del Hades,
el que protege lo que hay debajo,
te aclamamos a ti,
que recibes lo que enviamos a la tierra.
Oramos para que lo juzgues bien,
para que seas misericordioso
cuando estemos ante ti,
cosechando al fin
todo lo que hemos sembrado.
Ponemos estos viejos dolores a descansar ante ti.
Llévalos contigo, rey,
y envíalos al lugar que les corresponde.

Invocación a Plutón y Perséfone

Salve al Rey y a la Reina,
gobernantes de los muertos,
¡las voces de los muertos!
Recibid nuestros mensajes de amor
mientras todo a nuestro alrededor
envejece, se queda quieto,
se entrega a vuestros cuidados.
Enviamos a la tierra
lo que en reposo puede crecer,
lo que podéis conservar un tiempo
en la Tierra de los Muertos.
Tened piedad, Rey y Reina;
tomad solo lo que hay que tomar
para que podamos vivir otra temporada aquí.

Invocación a Mabon

El Mabinogion celta se refiere a Mabon como el hijo robado de «entre su madre y el muro». Aidan Kelly creía que la desaparición de Mabon era paralela al rapto de Perséfone y que Modron era una versión divinizada de la tierra que pisaban los celtas, lo que convertía a Mabon en un hijo literal de la tierra y en parte de los misterios cíclicos.

¡Salve, Mabon, hijo de Modron,
exaltado prisionero!
Revélanos las cosas ocultas,
guíanos por el camino
hacia lo oculto,
a recuerdos olvidados hace mucho.
Muéstranos lo que hay más allá del muro del castillo.
Envía al mirlo a cantarnos,
envía al ciervo para que lo persigamos,
envía al búho para que lo escuchemos,
envía al águila para que la veamos,
envía al salmón para que nos cuente
cómo liberar lo oculto.

Invocación a Modron

Gran Madre, diosa de la tierra,
vemos tu dolor y lo honramos.
Vemos tu amor y lo apreciamos.
En nuestros silencios
déjanos oír la tierra
para que podamos oír tu voz
hablando entre el océano y los vientos.

Invocación a Dioniso

Los antiguos griegos veneraban a Dioniso como el maestro de los misterios de la vid, al igual que Deméter dominaba los misterios del grano. Su culto en la antigua Grecia implicaba el éxtasis del vino.

¡Salve al rey de la vid!
Hijo de Semele, es el éxtasis que nos proporcionas
lo que nos alivia del dolor de vivir.
En la uva viene el bálsamo para las penas,
para que cuando volvamos al sobrio mundo
el recuerdo de tal jolgorio
haga que nuestras pérdidas no sean tan duras;
que nuestro dolor no sea tan grande.
Tú eres el que eleva a los pobres,
el que eleva a las mujeres,
el que libera a los esclavos
y a los esclavizados también.
Doble dios,
nacido dos veces de la mujer y del hombre,
¡servimos nuestras copas por ti,
golpeamos nuestros pies contra la tierra por ti!
En este vino, en este jugo,
participamos de ti.
Bailamos al son de tu éxtasis
a la luz del sol.
Bailamos de nuevo
mientras la lluvia se derrama sobre la tierra
como tú te derramaste sobre la vid,
como una vez derramaste tu ser en nosotros:
estamos llenos de ti,
y así te llenamos.

Invocación a Baco

Algunas personas consideran que Baco y Dioniso son intercambiables. Los romanos hicieron un buen trabajo al establecer una religión sincrética que solo perturbó mínimamente a las culturas introducidas en su imperio. Aun así, se produjeron diferencias. A nivel intuitivo, Baco puede sentirse como un personaje diferente de Dioniso, aunque uno podría reconocer al otro como una especie de sombra suya. Si se realizan invocaciones y oraciones, parece justo que Baco tenga una oración separada de la de Dioniso.

Puedes encontrar traducciones de himnos a Baco en Internet. Aquí tienes en su lugar una variación del siglo XXI del himno original:

¡Salve Baco, voz del trueno,
cornudo del campo y de la granja,
toro del cielo!
El que levanta pasiones,
se consume con ellas,
enseña con ellas,
las libera.
Alabado seas,
rey inmortal,
concede nuestras súplicas
para que podamos tener
causa para celebrar,
para cantar tus alabanzas
mientras lo que cultivamos
encenderá pasiones y regocijo
durante los próximos tiempos.

Invocación a Apolo

Los paganos suelen considerar los *sabbats* como las fiestas solares, mientras que los *esbats* celebran los ciclos lunares. El Mabon, al ser un equinoccio, es especialmente solar, por lo que algunos paganos eligen honrar a los dioses del sol en esa época. Los antiguos eran muy conscientes de que el sol es crucial para la salud de todos los cultivos. Si no hay suficiente sol, las plantas no obtienen todo lo que necesitan para vivir. Si hay demasiado sol, se marchitan y mueren. En consecuencia, Apolo recibió su propia sección de celebraciones de la cosecha.

¡Salve a Apolo!
Te saludamos
mientras tiras de tu carro por el cielo.
¡Con un beso de nuestra palma para ti,
te enviamos nuestra alabanza!
Te sentimos refrescarte ante nosotros
como debe ocurrir
de vez en cuando
entre amantes.
Cuando venga la primavera,
nosotros también estaremos ansiosos por ti:
por sentir tu tacto en nuestra piel,
por ver lo que tú solo
puedes levantar del suelo.
Que te vaya bien en otoño, Apolo.
Nos encantan los atisbos que obtenemos
de tu resplandeciente semblante
tras el cielo grisáceo.

Invocaciones a la Diosa y al Dios

Muchos paganos aceptan la idea de dioses y diosas individuales o la idea de un Dios o una Diosa con muchas caras. Algunos siguen prefiriendo rezar o invocar a lo que consideran el Dios o la Diosa en su totalidad o, al menos, dirigirse al Dios y a la Diosa (o al Señor y a la Señora) como entidades separadas.

DIOSA

Bendita Diosa, Madre de todo lo que es,
te pedimos que bendigas nuestra cosecha,
y que bendigas todo lo que resulte
de las semillas sembradas en este año.
Tu abundancia es infinita;
tu presencia, eterna.
Por favor, por tu gracia,
danos el poder de devolverte
lo que tú nos has dado.

DIOS

Bendito Consorte, te saludamos
con lágrimas y con alabanzas.
Es tu bondad
la que nos permite vivir;
tu sacrificio
lo que nos recuerda
que debemos cuidar de los demás,
para extender ese cuidado
fuera de nuestras propias tribus.
Tú has yacido por nosotros,
nos has guiado,
has vivido por nosotros.
Tomamos sus enseñanzas,
tomamos su alimento

y entrelazamos nuestras vidas
por el bien de todos,
como tú has hecho
por el bien de todos nosotros.

SEÑOR Y SEÑORA
Señor y Señora,
incluso vosotros, la más santa de todas las parejas,
debéis dejaros robar por la muerte.
Lo vemos, lo sabemos.
Señor, te deseamos buen viaje.
Señora, te deseamos un buen regreso.

Invocación a la noche oscura del alma

El místico español San Juan de la Cruz escribió el poema *Noche oscura del alma* hacia el año 1579 para describir el alma abandonando el cuerpo y logrando la unión con Dios. El título del poema lo utilizan actualmente místicos de muchas religiones (y también unos pocos terapeutas) para describir a las personas que experimentan dificultades extremas en la vida hasta tal punto que los que son religiosos (y algunos que no lo son) experimentan una pérdida de fe o una crisis espiritual. Mientras que el autor original veía esta noche oscura y definitiva como la muerte, algunas creencias paganas sostienen que la gente puede experimentar la muerte de forma metafórica tanto como física.

Las personas que sufren una crisis espiritual pueden tener dificultades especialmente con el Mabon. La festividad gira en torno a los temas de la gratitud y el sacrificio, con un fuerte énfasis en los lazos de amor y comunidad. Para una persona que atraviesa una crisis de este tipo, estos temas pueden resultar agobiantes.

Ninguna oración puede responder por sí sola a las complejidades de cada situación. Durante una crisis, la oración puede no resultar atractiva. La honestidad, al menos, tal vez pueda aliviar un poco la presión interior, incluso en forma de una oración honesta. Una oración sugerida es esta (puede ser útil pronunciar la oración en voz alta):

Dios/Diosa,
quiero estar agradecido.
Quería estar agradecido.
Incluso podría entender
cómo tu sacrificio
nos ha traído hasta aquí.
Por mucho que lo desee,
ahora no puedo sentirlo.
Veo el regocijo,
pero mi corazón no se agita.
Ni siquiera recuerdo
el momento en que lo hizo.
Ahora mismo siento dolor.
Embota los sentidos,
atenúa la conexión.
Ni siquiera puedo verte a ti
a través de todas mis heridas.
Me siento abandonado, ignorado, herido
por ti y por lo que me rodea.
No estoy seguro de que lo que siembro
tenga alguna recompensa.
¿Volverás a mí?
¿Estuviste alguna vez a mi lado?
¿Hay algo que necesite tu perdón?
Necesito tu amor, Dios/Diosa.
Necesito tu compasión.
En este momento, digo mi verdad:
Dudo. Desconfío. Sufro.

Dar las gracias

En última instancia, el Mabon trata sobre la gratitud. Hay muchos momentos y formas de expresar gratitud, y es realmente una parte cotidiana de la vida pagana. El Mabon es la fiesta definitiva para ello, antes de que volvamos a adentrarnos en otros profundos misterios de la vida; a veces, incluso el sentimiento de agradecimiento puede ser un misterio en sí mismo.

ORACIÓN DE GRATITUD

Dios y Diosa,
vosotros que hacéis cambiar las mareas,
que cambiáis las energías
en la inclinación de la tierra,
os damos las gracias
por vuestra bondad y abundancia.
Recordémoos y recordémonos
los unos a los otros
en el próximo invierno:
no es solo la comida y el agua lo que nos sustenta,
sino la conexión de corazón a corazón
que nos lleva a través de nuestros inviernos.
Os pedimos que bendigáis esta comida
para que podamos llevar
las mejores bendiciones
y conexiones posibles
entre nosotros
en el próximo año.
¡Benditos seáis!

ORACIÓN DE GRATITUD POR LA COSECHA

Señor y Señora, con agradecimiento y alabanza,
con libación e incienso ardiente,
celebramos los dones que pesan sobre nuestra mesa.
El don del otro
que nos ha acompañado
de un año al siguiente,
de una estación a la siguiente,
de un día al siguiente,
incluso de un momento al siguiente.
Estamos aquí
para enseñarnos unos a otros
y para escucharos.
Celebremos, escuchemos,
compartamos nuestra alegría
en vosotros y en los demás.

Las oraciones y las invocaciones funcionan mejor cuando proceden de un conocimiento cultivado de a quién estás invocando y de tu propio corazón. El Mabon es una fiesta para la gratitud, pero no pasa nada si no te sientes mágicamente agradecido en este momento. Algunos años dan malas cosechas. Según James Frazier, los antiguos paganos solían enterrar las estatuas de los dioses boca abajo y cometer otros abusos rituales cuando las cosechas eran malas. Lo cierto es que los paganos modernos no hacen eso, en parte porque la mayoría de nosotros vivimos en lugares donde las malas cosechas se parecen más a cheques pequeños y alquileres altos, pero también porque muchos paganos creen que incluso la agresión simbólica hace más daño que bien. Establecer una conexión espiritual en tiempos difíciles no consiste en recibir una recompensa, sino en mantener una conversación, aunque no estés del todo seguro de que la conversación no sea unilateral.

A veces, el mero hecho de participar en el acto de la oración es lo bastante tranquilizador. Haz ofrendas como puedas, reza si puedes, y quizás podrías buscar gratitud en la realidad de que las estaciones transcurren pase lo que pase.

RITUALES DE CELEBRACIÓN

ion – purification, prosperity, the mysteries of autumn equ
stors, echinacea – healing, strengthening hyssop – purificat
n, patience, loyalty, eternal life, concentration, love myrrh –
rification, protection, spirituality Solomon's seal – exorc
purification, connecting to ancestors, connecting to land ya
– protection, luck, health, money, fertility, Pine – healing
rotection, prosperity, health, the sea Maple – love, friend
prosperity, healing, prosperity, sleep Flowers carnation –
igold – protection, healing sunflower – purity, optimism C
e stones specifically associated with Mabon. However, sto
sun dials are appropriate to this holiday. Animals, totem
g animals in the Mabinogion that helped lead Arthur's
world the Blackbird – one of the guiding animals in the
ly, men to Mabon; brings messages of other worlds to th
the guiding animals in the Mabinogion that helped lead A
ting and wisdom the Eagle – one of the guiding animals i
l Arthur's men to Mabon; associated with wisdom, insig
n – one of the guiding animals in the Mabinogion that h
n of knowledge and past and future the Goose – goose wo

El Mabon es una época de gratitud, reflexión sobre los logros recientes, trabajo duro y planificación. También es un tiempo para la industria personal: lo que ocurra ahora puede marcar la diferencia entre un invierno cómodo y uno duro. Los rituales que siguen pretenden ayudarte a conectar con estos conceptos y con la energía equilibradora de la tierra en el equinoccio. Donde la tierra tenía calor, ahora tiene frescor; se acerca la primera helada, si es que no ha llegado ya. La presencia de las heladas lo cambia todo. A medida que la energía de la tierra se adentra en la oscuridad, tu propia energía puede volverse hacia tu interior. Al igual que es prudente plantar los bulbos que necesitan la tierra más profunda en otoño, también es prudente sembrar cualquier trabajo de autocuración o cambios interiores profundos en este momento, para que se gesten a través de los días más oscuros que están por venir. Si puedes reservarte unos momentos a solas durante esta ajetreada temporada, utiliza ese tiempo para hacer balance de lo que te gustaría cambiar de tu clima interior. ¿Quieres pasar menos tiempo preocupándote? ¿Deseas tener una perspectiva más positiva? ¿Te gustaría ser más exigente en tus relaciones personales? Estos deseos son tu plan ritual para los meses de invierno. Puedes recurrir a la energía de Mabon para que te ayude a realizar estos cambios interiores.

Mientras que los hechizos se centran en crear cambios externos, los rituales tratan sobre los cambios internos. Pueden ser largos o cortos, tener compañeros o parejas, o realizarse en solitario. Los rituales de Mabon suelen ser una especie de preparación para lo que viene a continuación o una evaluación de lo que vino antes, con la vista puesta en lo conocido y espacio para las dificultades desconocidas de la próxima estación invernal.

Lo que sigue a continuación son rituales destinados a celebrar el momento, pero también a plantar semillas profundas que, con el cuidado que le demos durante el invierno, florecerán en los momentos de la vida en que más las necesites. Se incluye un ritual en solitario, otro para una pareja y un último para realizar en grupo.

Ritual solitario de Mabon

Un ritual de Mabon realizado en solitario suele ser un rito mucho más solemne que uno realizado en grupo. También suele ser mejor mantener la sencillez en este tipo de rituales: cuantas más partes móviles intervengan, más probable es que necesites un observador. No es necesario memorizar este ritual. Prepárate para ello como si te estuvieras dando un capricho. Los rituales no deben parecer como un deber oneroso. Para los paganos, son actos de celebración y reconocimiento. Esto debería producir una sensación de relajación y una conexión más profunda con la estación de Mabon.

Propósito:

Este ritual es de simple gratitud y propiciación. En este ritual vas a entregar ofrendas en forma de líquido, o libaciones, y al hacerlo estarás fomentando una mayor relación con la deidad y la naturaleza. La humanidad ha vertido libaciones como ofrendas a los dioses desde los tiempos de la Antigüedad. Es sencillo, fácil de recordar y fácil de hacer en el acto, ya que lo único que necesitas es líquido y sinceridad. En este caso concreto, la acción ritual pretende hacerte entrar en sintonía con la fase del equinoccio de otoño del ciclo terrestre, cuando el trabajo duro sigue en marcha, pero a punto de concluir justo a tiempo para el periodo de descanso invernal. Cuando se produce la sintonización, te vuelves más consciente del cambio de las estaciones y es más probable que te des cuenta de los indicadores sutiles de la transición. En lugar de limitarte a notar el cambio de color de las hojas, puedes fijarte en esa parvada de cuervos que se reúne en el patio trasero de tu vecino cada 4 de septiembre o en esos dos minutos extra de oscuridad al final de cada día.

Las libaciones son simplemente ofrendas líquidas, como llenar una copa de vino. No hay un tamaño establecido para una libación. Puedes verter unas gotas, llenar un vaso por completo o vaciar una botella entera. Para este ritual, un dedo de líquido para cada vez es suficiente. Si te queda algo al final del ritual, es perfectamente adecuado beberlo en cantidades responsables.

Entorno:

Al aire libre es lo preferible, porque así hay menos suciedad que limpiar. En el interior puede hacerse sobre un fregadero o una bañera.

Suministros:

Palo para sahumar (salvia, madera de Palo Santo o una barrita de incienso corriente) o una escoba de cocina normal. Si utilizas el sahumerio, no tienes por qué emplearlo todo de una vez. Puedes apagarlo para volver a utilizarlo en el futuro.

- 5 cuencos (si realizas el ritual en el interior)
- vino, sidra, agua o cerveza
- decoraciones, si así lo deseas: nueces, pipas de girasol, follaje de otoño, bellotas, etc.
- una bandeja para colocar las piezas rituales
- cualquier herramienta que prefieras para el trazado del

círculo. Aunque los *athames* y las varitas son lo tradicional, las plumas favoritas también son una opción aceptable.

– una o varias velas (opcional).

Preparación previa a un ritual al aire libre:

Lleva ropa limpia y cómoda que te quede ceñida al cuerpo (una camiseta y unos vaqueros son apropiados para esto). Prepara la bandeja con el líquido que piensas utilizar para la libación, ya sea agua, zumo de uva, sidra, cerveza o vino. Decora la bandeja con las nueces, hojas u otros símbolos del Mabon que sean significativos para ti. Saca la bandeja al exterior y colócala en un lugar en el que puedas caminar fácilmente a su alrededor sin chocar con nada. Utiliza el palo de sahumerio o una escoba para limpiar el espacio sagrado de energías persistentes. Si vas a sahumar, enciende el palo y camina en el sentido de las agujas del reloj alrededor del espacio ritual, agitándolo arriba y abajo, diciéndole al humo que limpie el aire y la tierra de todas las energías que entren en conflicto con tus intenciones. Camina de norte a sur y después, formando una cruz, haz lo mismo de este a oeste. Asegúrate de agitar el palo de sahumerio arriba y abajo, poniéndolo por encima de tu cabeza y por debajo de tus rodillas a medida que avanzas. Imagínate que el espacio se vuelve más luminoso, como si una mancha de luz solar lo iluminara.

Tal vez quieras añadir un elemento de conjuro o cántico al sahumerio. Uno de esos cánticos que puedes utilizar es:

Nube de humo nacido de la salvia,
lleva este espacio a un tranquilo silencio;
límpialo de todo dolor y mezquindad,
deja que estos ritos avancen limpios.

Date unos 60 cm más de espacio del que creas que vas a necesitar. Apaga la salvia en el suelo si puedes hacerlo sin riesgo de provocar un incendio. De lo contrario, vierte un poco de agua sobre ella y déjala en un lugar donde pueda secarse sin peligro. Colócala en la bandeja y luego tómate unos instantes para sentarte en el suelo; siente el aire contra tu piel, cómo el cielo sobre tu cabeza afecta a tu estado de ánimo y los cambios que has presenciado desde el Mabon anterior a este. Respira hondo varias veces. Comienza el ritual una vez que te sientas relajado.

Preparación previa a un ritual de interior:

Si barres con la escoba en lugar de utilizar el sahumerio, vuelve a caminar por el círculo en el sentido de las agujas del reloj, diciendo: «Barro cualquier energía que entre en conflicto con mis intenciones». Si deseas un cántico más intenso, recita mientras barres:

Limpiad el aire y liberad la suciedad,
sacad de aquí lo que yace inerte.
Eliminad todos los conflictos,
expulsad a los perturbadores;
¡dejad que la paz reconstruya este espacio!

Una vez que hayas terminado y hayas guardado tu herramienta de limpieza, coloca cinco cuencos en tu espacio sagrado designado para recoger las libaciones: uno en cada uno de los puntos cardinales y el quinto cuenco en una bandeja en el centro de tu espacio. Rodea ese cuenco con follaje de otoño, bellotas, nueces y semillas de girasol.

Hablar en voz alta durante el ritual puede parecer especialmente tonto cuando se practica en solitario. También puede ayudarte a mentalizarte para el trabajo que tienes por delante, y para la mayoría de los practicantes realmente ayuda a dirigir mejor el empuje y el estado de ánimo. Además, muchos paganos tienen la teoría de que sus dioses no son omnipotentes; tienen que oírte decir algo para saber lo que estás pensando.

El ritual:

Traza un círculo diciendo:

En el equinoccio de otoño,
nombro a este lugar
tiempo y espacio sagrados.
¡En él doy ahora mis gracias,
con la protección concedida
por la gracia del Dios/de la Diosa!
El norte concede terreno para caminar.
El este concede vientos que giran.
El sur concede fuego para que sigamos viviendo.
El oeste concede fluidos para saciarnos.

En este momento, bebe un trago del recipiente de la bebida. Esta tradición demuestra que la bebida es segura para aquellos a quienes se ofrece.

Es el momento de la invocación. Recita:

Salve a la Diosa, Gran Madre Eterna,
te saludo en tu entrega;
te acompaño en tu dolor.

Vierte una libación de la botella en el cuenco central. Después, recita:

Con gratitud, con amor,
te doy las gracias.

Si lo deseas, puedes encender una vela o incienso que represente al Dios o a la Diosa. Si no, puedes simplemente levantar las manos al cielo y decir:

En tu pena, en tu dolor,
te doy amor.
¡Que así sea!

Después, recita:

Salve al Dios, Gran Padre Encarnado,
te saludo por tus sacrificios.
¡Hablaré de tus alabanzas cuando ya no estés entre nosotros!

Vierte la libación en el cuenco central y recita:

En tu muerte, expreso mi dolor.
En tu recuerdo, te traigo a la vida.
¡Que así sea!

Dirígete hacia el cuenco del norte o al punto más septentrional del círculo:

Salve al norte,
donde habita la oscuridad de la tierra.
¡Sirvo esto en agradecimiento
por los alimentos que brotan de la tierra!

Vierte la libación en el cuenco del norte. Luego, ve hacia el cuenco del este o al punto más oriental del círculo y recita:

Salve al este,
donde el amanecer trae los vientos del día,
¡sirvo esto en agradecimiento
por los movimientos del polen!

Vierte la libación en el cuenco del este. Luego, ve hacia el cuenco del sur o al punto más meridional del círculo y recita:

Salve al sur,
donde el mediodía acelera todo el crecimiento.
¡Sirvo esto en agradecimiento por el alimento de la luz del sol!

Vierte la libación en el cuenco del sur, y después ve hacia al cuenco del oeste o al punto más occidental del círculo y recita:

Salve al oeste,
donde en el crepúsculo el verde bebe profundo.
Sirvo esto en agradecimiento
por la humedad que hincha la semilla y el brote.

Vierte la libación en el cuenco del oeste. Vuelve al cuenco central y vierte en él la libación restante. Después, recita:

¡Salve a la Diosa! ¡Salve al Dios!
Doy gracias por la buena cosecha
y gracias por todo lo bueno.
¡Que así sea!

Tómate unos momentos para meditar, ya sea de pie o sentado. Imagina una semilla en la tierra hinchándose hasta que brota una tallo verde. Visualiza cómo ese tallo verde se expande hasta convertirse en una planta. Anota la planta que ves para aprender sobre ella durante el invierno. Visualiza esa planta reverdeciendo, floreciendo e incluso dando sus propias semillas hasta que se vuelva marrón y caiga a la tierra. Observa que, al final del ciclo, la semilla acaba arrastrada por el viento a un nuevo terreno. Al final del ritual, toma nota del rincón donde has «visto» emerger la semilla. El cuarto del círculo que contuvo tu visión muestra dónde se encuentra el trabajo que tienes que hacer para tu próxima cosecha.

Al final de esta meditación, tal vez quieras asentir con la cabeza o hacer otros reconocimientos a las deidades y los elementos. Para despedirte, recita:

Con amor, me despido de ti, preciada diosa.
Con amor, parto de ti, sagrado Dios.
Llevo conmigo gratitud
por la vida en la tierra que has dado.

Para abrir el círculo, camina en sentido contrario a las agujas del reloj con el brazo extendido y recita:

El agua vuelve a fluir hacia el oeste.
Los fuegos del sur parpadean y luego descansan.
Las brisas del este enfrían la tormenta.
El norte descansa ahora en tranquila calma.
En el equinoccio la luz ahora se desvanece,
Ahora es más de noche que de día.
En agradecimiento inicio mi camino
hacia el invierno con la cosecha en mano.

Una vez abierto el círculo, limpia el espacio sagrado. Si has realizado el ritual en el interior, puedes vaciar las libaciones en el suelo fuera de su casa o por el desagüe de un fregadero. Si lo has hecho al aire libre, recoge cualquier resto que haya quedado en la bandeja y llévatelo a tu casa, al coche, etc. Después de este ritual, disfruta de una comida abundante que incluya una mezcla de cereales, verduras y frutas para representar la cosecha.

Ritual de Mabon para una pareja

Para quienes se adscriben al mito del dios moribundo, el significado del Mabon para las parejas es un desafío, ya que consiste en afrontar la realidad de que un día se perderán el uno al otro. Aunque la pérdida se ha vuelto más ambigua en estos días (el divorcio, la enfermedad grave y la distancia emocional se ciernen con más fuerza en nuestra conciencia colectiva), la posibilidad de la muerte todavía sigue ahí, oculta tras el resto.

No es necesario que la pareja esté formada por un hombre y una mujer, pero toda pareja debería comprender las leyes de la naturaleza inherentes al simbolismo festivo del equinoccio de otoño. Incrustado incluso en las antiguas celebraciones de la Cosecha en Casa estaba el reconocimiento de que la cosecha requería dos partes para producirse: la fertilidad y la polinización. Como se centraba en los antiguos cultos a la fertilidad, a menudo requería géneros específicos para papeles concretos. El Señor y la Señora de la tierra solían representar a la pareja generadora en las festividades. Sin embargo, el otro señor y la otra señora mencionados en el capítulo 1 (los dos segadores) solían ser dos hombres, pero podían ser de cualquier configuración de género. En ambos casos, el Señor y la Señora se necesitaban mutuamente. Uno, para que la vida pudiera ser, y el otro, para que el trabajo y la vida pudieran continuar cuando uno tenía que ir a realizar negocios en nombre del hogar o del trabajador. Tal vez cada uno podría haber sobrevivido sin el otro, pero era poco probable que uno pudiera prosperar sin el otro.

Hoy en día, nuestra interdependencia con la pareja es más sutil. Puede que podamos concebir de forma literal, pero a menudo incluso la concepción es de naturaleza metafórica. Una persona inspira a la otra a buscar nuevas soluciones creativas a los problemas de la vida, la consuela durante las dificultades de la vida o simplemente comparte la carga de la vida doméstica y el trabajo. De nuevo, puede que esa otra persona no sea técnicamente necesaria para la supervivencia, pero una relación sana y estrecha sigue mejorando nuestras posibilidades de tener una vida larga y saludable. Tómate un momento para honrar esto. La vida siempre es más fácil cuando hay alguien cerca para compartir la carga.

Propósito:

Este ritual es una forma de que las parejas se tomen un tiempo para honrarse mutuamente. Además de expresar agradecimiento por la abundancia de la cosecha, es una forma de mostrar cada uno esa gratitud por el otro. Si ha sido un año difícil, esta es una buena manera de reconocerse mutuamente como compañeros y como equipo, para ayudar a fortalecerse el uno al otro para los desafíos del próximo invierno.

Entorno:

Realiza este ritual en el exterior o en el interior, en cualquier momento del día en el que puedas evitar interrupciones: un parque urbano, un patio trasero, el suelo del salón o, en caso de apuro, un aparcamiento cerca de una alcantarilla te servirán.

Suministros:

- un cuenco de agua
- dos paños limpios
- dos toallas de mano limpias
- dos cartas: una escrita por cada persona a su pareja
- un pequeño plato de comida: pan, fruta, queso, etc.
- una botella de cualquier bebida: agua, vino, sidra, etc. Podéis beber directamente de la botella o compartir un solo vaso si deseáis servir la bebida.
- una manta de pícnic (opcional)
- una varita, un *athame* o un objeto similar para utilizar en el trazado del círculo.

Preparaciones previas al ritual:

Escribe una carta sincera a tu pareja. La elección del papel y el instrumento no importa; puedes elegir ser sencillo utilizando un bolígrafo, extravagante con fuentes mecanografiadas o mágico con pluma y tinta. Elabora una lista de todo lo que agradeces de esa persona, desde lo trivial hasta lo gigantesco. Llévala cerca del corazón hasta que llegue el momento de sacarla en el ritual (puedes sujetarla dentro de la camisa con un imperdible).

Cada persona debe darse un baño o una ducha y ponerse ropa holgada y cómoda; este ritual debe ser relajado. Id descalzos si es posible.

Prepara el plato de comida con pequeños alimentos que ambos puedan comer sin peligro. Los alimentos frescos, recién cosechados, son ideales; cualquier cosa que esté fácilmente a tu alcance es muy buena. Coloca el mantel de pícnic (si lo tienes). En el centro, coloca el cuenco de agua, los paños y las toallas a un lado. En el otro lado, coloca el plato de comida y la bebida (y el vaso para servirla, si así lo deseas).

Decidid entre los dos quién trazará el círculo, llamará a los cuartos y hará el primer movimiento una vez establecido el espacio. Un miembro de la pareja debe trazar el círculo y el otro llamar a los cuartos. Si es necesario, podéis lanzar una moneda al aire.

El ritual:

El primer miembro de la pareja realiza el trazado del círculo, caminando en el sentido de las agujas del reloj mientras recita:

Círculo,
llegamos a este espacio en un círculo completo,
en un tiempo sin tiempo,
en este lugar entre lugares.
Juntos estamos seguros tanto fuera como dentro,
mientras compartimos de corazón a corazón
lo que hay en lo más profundo de nuestro ser.

A continuación, el segundo miembro de la pareja realiza la llamada de los cuartos diciendo:

¡Salve al este,
que digamos bien nuestras verdades!
¡Salve al sur,
que sintamos verdadero calor el uno por el otro!
¡Salve al oeste,
que fluyamos bien el uno por el otro!
¡Salve al norte,
que vivamos juntos en confianza!
¡Que así sea!

Acomodaos sobre el mantel el uno frente al otro, con el cuenco de agua y el plato de comida entre los dos. Miraos a los ojos durante un minuto entero. Meditad sobre la persona que tenéis delante, el significado que tiene para vosotros y lo que veis en su interior. En primer lugar, uno de los miembros de la pareja debe coger un paño, sumergirlo en el agua, escurrirlo y, a continuación, proceder a lavar las manos y los pies de su pareja. Tiene que ser suave y minucioso. Cuando haya terminado, tendrá que secarle y apartar los paños del mantel.

Entonces, sacará la carta de donde la ha estado guardando y se la leerá a su pareja, tomándose su tiempo. Cuando termine, guardad un momento de silencio. A continuación, el miembro de la pareja que aún no haya leído deberá corresponder al proceso, lavándole al otro las manos y los pies, secándoselos y leyendo su carta de agradecimiento.

Una vez que hayáis completado estas acciones, el miembro de la pareja que lavó al otro primero debe dejar el cuenco de agua y los paños fuera del área ritual inmediata. A continuación, la otra persona debe coger el plato de comida y darle suavemente un bocado a su pareja, diciendo: «Que nunca tengas hambre». La persona que acaba de comer debe a su vez dar de comer a su pareja, y decir: «Que nunca tengas hambre». La persona que acaba de comer debe abrir la botella de bebida y verterla en el vaso, para después ofrecérselo al otro y decir: «Que nunca tengas sed». La persona que acaba de recibir la bebida debe ofrecerla a su pareja, diciendo también: «Que nunca tengas sed».

Terminad el plato de comida y tomaos unos momentos más para disfrutar de la compañía del otro. Guardad las cartas en algún lugar seguro para leerlas en los momentos en que más os necesitéis u os echéis de menos.

Despedid a los cuartos y cerrad el círculo. Después de esto, coged el cuenco de agua y vertedla en la tierra, diciendo: «Que todo en esta agua vuelva a ser bueno» (si estáis en el aparcamiento, vertedla por el desagüe diciendo lo mismo.) Limpiad, dirigíos a casa, echad el paño húmedo en la colada y lavad los platos. Disfrutad juntos de una velada tranquila.

Ritual de Mabon para un grupo

Este es un ritual para hacer en grupo. Es necesario que alguien asigne las partes. Como se trata de un banquete de *sabbat*, hay que preparar toda la comida antes de que comience el ritual. Los que se encarguen de la parte del banquete ya tendrán bastante que hacer. Una persona con buenas dotes de organización deberá dividir el trabajo de modo que cada participante solo tenga una tarea. Esto puede incluir partes del ritual, quién se encarga de la cocina y quién dirige el ritual. También puede imprimir copias del ritual con antelación; la mayoría de la gente no tiene tiempo para memorizar largos pasajes.

Propósito:

Este ritual conecta a sus participantes con la extraña combinación de orgullo, dolor, pérdida y gratitud que suscita el Mabon. Debería afirmar los vínculos del grupo entre sí, ayudándoles a reconocerse como parte de una comunidad funcional al tiempo que honran y agradecen el sacrificio del dios moribundo. Al igual que en la Cosecha en Casa, todo el grupo tendrá papeles diferentes pero igualmente importantes; los que participen en el ritual representarán a los segadores y al Señor y la Señora de las tierras. Los que preparan el festín representan al pueblo o a la comunidad en general y se ocupan de los asuntos de la vida mientras los trabajadores están en el campo.

Entorno:

En el exterior: una zona para hacer pícnics es lo ideal para este tipo de ritual

Suministros:

- una efigie hecha de trigo u otras plantas cosechadas
- coronas de flores que quepan sobre la cabeza de una persona; una para cada participante en el ritual, si es posible
- una campana
- libaciones, como sidra, vino, zumos o aceite de oliva
- una bandeja, mesa o tabla plana para utilizar como altar
- un tarro con un puñado de tierra del jardín de cada participante; la tierra para macetas también sirve
- una caja que se ajuste lo máximo posible al tamaño de la efigie
- carpetas o tarjetas para notas que contengan las partes relevantes de este ritual para los participantes
- velas marrones o negras
- portavelas rodeados de cristal o alguna otra protección contra el viento
- un sombrero ridículo o una corona de papel para el «Señor de la cosecha» durante la fiesta.

Preparaciones previas al ritual:

Antes de empezar, repartid los papeles del ritual. Sacad papeles de un sombrero (o utilizad un método aleatorio similar) para determinar quién participa en el ritual y quién se encarga del festín. Al menos tres miembros del grupo deberían encargarse del festín.

Quienes planifiquen el festín deberán disponer de al menos una semana para coordinar los detalles, incluida una llamada a todo el grupo para pedir platos para llevar, etc. Quienes se ocupen de la fiesta también deberán planificar la música y los juegos.

El día del ritual, preparad un espacio de altar limpio. El altar debe estar lo más despejado posible. La mayor parte del espacio debe destinarse a albergar la caja para la efigie. Debe reservarse un espacio adicional para las copas de las libaciones o unas representaciones sencillas del Dios y la Diosa. A ambos lados de la efigie, colocad velas que estén dentro de recipientes a prueba de vientos.

Designad una mesa fuera del círculo para el banquete. También podéis recoger alimentos enlatados y artículos personales para donarlos a un banco de alimentos de la zona; podéis colocar una caja en un extremo de la mesa para este fin. Decorad los bordes de la mesa con hojas de otoño, bellotas y manteles en tonos marrones, rojos, amarillos, naranjas y verdes. Añadid también dibujos o figuras de gansos y cerdos.

Asignad a todos los participantes una tarea de limpieza específica con antelación.

Meditación previa al ritual:

Una persona debe leer esta meditación guiada al grupo entero antes de dividirse entre el círculo ritual y el círculo de preparación del banquete. Haced que todos los que puedan se sienten en el suelo o en un banco de pícnic. A continuación, comenzad la meditación:

> *Respira hondo tres veces.* (Pausa) *Siente el aire que te rodea en la piel. Quítate los zapatos, si puedes. Siente el suelo contra tus pies, la forma en que te presiona cuando presionas los pies contra él. Escucha lo que ocurre a tu alrededor: el viento soplando, otras personas gritando, riendo o hablando y el tráfico rugiendo en la*

distancia. Todo lo que oigas forma parte de la vida de la tierra. Tú formas parte de la vida de la tierra. Tómate un momento para respirar eso en tu interior. (Pausa) *Siente el latido de la tierra bajo tus pies. Siente cómo se eleva y palpita dentro de ti. Tómate un momento para sentir cómo palpita en las personas que están a tu lado y a tu alrededor. Tómate un momento para imaginar cómo una planta podría sentir ese pulso.* (Pausa)

Ahora, imagínate de pie en medio de un campo de trigo. Cada gavilla se extiende hacia el cielo; estos tallos son gigantescos, al menos un palmo más altos que el más alto de entre nosotros. Tienes una hilera solo para ti. A través del latido de la tierra, siente a tus compañeros de pie en las otras hileras.

Un viento sopla a través del trigo, provocando una ondulación del grano que recorre el campo como una ola. Ves cómo un tallo golpea a otro antes de doblarse de nuevo hacia arriba. En el viento, se oye un susurro: «Así es como se siente, así es como se siente».

Te llegan impresiones de la semilla enterrada en la tierra. Está caliente, húmeda y oscura, la sensación de sudor es una confirmación reiterada de la vida. Cada gota de humedad, cada caricia de agradable calor te hace sentirse más expandido hasta que, por fin, te liberas y elevas tu cuerpo al encuentro del sol.

En este espacio, alcanzando el sol, te sientes vulnerable. El calor amoroso se vuelve demasiado caliente, demasiado cercano, y la lluvia refrescante te ayuda a inspirar y espirar según ese latido subterráneo que te regula. Entonces la lluvia sigue cayendo, más de lo que puedes beber. Empiezas a sentir que tus raíces se aflojan y de nuevo aparece esa sensación de vulnerabilidad. ¿A quién pedir protección? De repente, deja de llover. Descubres que te has hecho más fuerte. Cuando sopla el viento, te doblas pero no te rompes. Cuando llega la lluvia, aprietas tus raíces contra la tierra y bebes profundamente, elevándola hasta tu coronilla, tu coronilla siempre tendida hacia los rayos solares.

Un día, te encuentras preocupado: has crecido tanto como has podido y ahora te encuentras extendiéndote, expandiéndote. Tu cuerpo se extiende y cambia y, en un arrebato de alivio, dejas caer semillas de tus tallos, dulces hijos que brotan de ti y que, en un éxtasis de calor y humedad, algún día estallarán de la tierra. Sientes la satisfacción de haber terminado. Entonces, sientes un poco menos de calor del sol, un poco más de lluvia. Estás cansado y deseas descansar. En lugar de mantenerte erguido, deseas tumbarte en el campo mientras el suelo se enfría y se tensa bajo la carga de la escarcha. Así es como debe ser. (Pausa)

Vuelves a ser tú mismo, de pie en los campos de trigo. Ahora el trigo está tendido en el suelo. Ha llegado la cosecha, y los segadores se movían junto a ti mientras comulgabas con el grano. Podéis veros los unos a los otros, de pie entre las hileras de trigo, podéis sentir esa sensación de finalización, el duro trabajo que ha costado allanar este campo, y el trabajo todavía más duro que está por venir para convertirlo en cosas necesarias para sobrevivir al invierno. En algún lugar bajo los tallos se oye una voz que susurra: «Recuerda esta sensación».

Tómate un momento para hacer una pausa y preguntarte: «¿Quién eres tú?». Tómate un momento para dejar que la Madre del Grano te diga quién es ella para ti. (Pausa)

Vuelve al punto de partida en el tiempo y en el espacio. Mueve los dedos de las manos y de los pies, respira profundamente y abre los ojos. Ya estás preparado para comenzar este ritual.

Una vez que los miembros hayan completado la meditación previa al ritual y/o un barrido del círculo, podrá comenzar el ritual.

El ritual:

El sacerdote o la sacerdotisa traza el círculo, diciendo:

Círculo,
llegamos a este punto en un círculo completo,
donde la cosecha está menguando

aunque nuestros espíritus están boyantes.
En este círculo, llamamos a los que trabajan.
Una vez que demos gracias,
saborearemos un festín bendito:
¡con agradecimiento y por la gracia,
rodeamos este lugar
para dar gracias por la cosecha
y rendir pleitesía a las Parcas!

Un miembro del grupo invoca al este, diciendo:

¡Salve al este,
a los vientos que nos han bendecido!
Sé suave de brisa y suave de ráfaga:
¡es por tus corrientes
que las semillas tienen su empuje!

Un miembro del grupo invoca al sur, diciendo:

Salve al sur,
al calor que perdura.
Guárdanos tan dulcemente
con madera y con ceniza:
¡es por tu pasión
que convertimos la semilla en leña!

Un miembro del grupo invoca al oeste, diciendo:

¡Salve al oeste,
a las aguas y a la humedad!
Danos humedad y nutre al resto:
¡es por tu socorro y sudor
que damos nuestro respeto!

Un miembro del grupo invoca al norte, diciendo:

Salve al norte,
a la tierra removida y labrada,
danos el lugar donde pueda derramarse nuestra semilla:
¡es por tu misericordia
que tenemos un futuro que construir!

El sacerdote o la sacerdotisa invoca a la Diosa, diciendo:

Salve a la Diosa, Gran Madre y Amante,
la que nos guía del trabajo caluroso al sueño invernal.
En tu dolor nos guías, en tu alegría nos elevamos,
mientras tu marido agoniza,
¡damos gracias por el trigo, el maíz y el centeno!

Servid una libación de sidra de manzana, vino tinto, zumo o miel. A continuación, el sacerdote o la sacerdotisa ayudante invoca al Dios, diciendo:

Salve al Dios, el Hombre Verde de la tierra,
te hemos seguido en cada estación para saber dónde trabajar.
Te lloramos, te guardamos luto, te ponemos a descansar:
un gran rey eres y nos diste lo mejor de ti.
Te damos las gracias, te lloramos,
levantamos las manos al cielo;
nos has permitido este vivir incluso a costa de tu morir.

Servid una libación de cerveza y miel y encended una vela marrón o negra para representar fertilidad y tristeza. El sacerdote o la sacerdotisa se coloca ante la efigie, mirando hacia el oeste. La unge con miel y aceite de oliva, diciendo:

Te damos las gracias, Señor de la Cosecha,
Rey Divino de la Tierra.
En el momento de tu muerte,

te damos las gracias
por el bien que nos has traído.

Entonces se desplaza hasta el centro del círculo, donde el sacerdote o la sacerdotisa ayudante se une a él o a ella. El sacerdote o la sacerdotisa que ha invocado a la Diosa recita:

¡Adelante, señor y señora de los segadores!

Dos miembros del grupo, ambos con guirnaldas en la cabeza, actúan como portadores del féretro, izan la efigie de la mesa y la pasean alrededor del círculo. Se detienen juntos ante cada miembro presente. Cada persona enfrentada agradece a la efigie las cosas buenas que han sucedido ese año, las lecciones aprendidas y las dificultades superadas. Pueden pedirle también que traiga palabras de bendición para los seres queridos que ahora han pasado más allá del velo. Si deseáis, podéis introducir en el interior del ataúd cartas de petición o pequeñas ofrendas.

A medida que cada persona da sus agradecimientos personales, los demás en el círculo deben iniciar un cántico solemne. Esto ayuda a mantener la atención en el propio ritual y permite a los que hablan a la efigie un mínimo de intimidad. Uno de esos cánticos podría ser:

Salve al Rey de la luz moribunda,
bien ganado es tu descanso en la temporada de otoño.
Pensar en tu gracia en pleno verano
nos dará fuerzas durante el invierno.

Una vez terminada la procesión, los portadores del féretro deben depositar la efigie a los pies de los dos sacerdotes o sacerdotisas en el centro del círculo, retirar las coronas de sus cabezas y entregárselas a los que están en el centro del círculo, recitando:

Gentil Señora y gentil Señor de esta tierra, os coronamos.
Vosotros sois lo que la cosecha nos ha dado.

El sacerdote o la sacerdotisa que invocó a la Diosa hace sonar una campana mientras el sacerdote o la sacerdotisa que invocó al Dios anuncia:

¡Hoy os invito, a todos los que habéis trabajado,
a compartir el pan conmigo!

Los asistentes se deben fundir en una ovación. A continuación, el sacerdote o la sacerdotisa volverá a colocar la efigie sobre la mesa. El sacerdote o la sacerdotisa que invocó a la Diosa ha de espolvorear un puñado de tierra sobre la figura, diciendo:

Ve a la tierra, oh, Dios moribundo.
Los suelos se helarán y nos afligiremos.
¡Recibiremos tu regreso en primavera con gran alegría!

El sacerdote o la sacerdotisa acompañante dice:

Esta noche será una fiesta llena de gracia;
en ella recordaremos a aquel
que nos dio todo lo que en la vida llamamos dulce.
Todos: *Bendito sea.*

El sacerdote o la sacerdotisa que realizó la primera invocación sirve una última libación al Dios y a la Diosa en el suelo, diciendo:

Bendita Señora,
nuestros pensamientos están contigo
mientras nos adentramos en la oscuridad del año,
mientras te adentras en la oscuridad de la tierra.
Sé bienvenida a nuestro banquete esta noche;

¡nuestras solemnidades han terminado!
¡Bendita seas!

El sacerdote o la sacerdotisa ayudante se acerca entonces, coge la botella del primer sacerdote o sacerdotisa y sirve una libación, diciendo:

Bendito Señor de la Cosecha,
te saludamos
y damos grandes gracias por tu sacrificio.
Es por tu cuerpo que podemos vivir
y volver a vivir .
Sé bienvenido a nuestro banquete de esta noche;
¡es en tu honor que lo celebramos!
¡Bendito seas!

El sacerdote y/o la sacerdotisa (Señor y Señora de las tierras) retroceden dentro del círculo mientras los que invocaron a los cuartos retoman sus lugares originales en cada punto de los cuartos en el círculo.

La persona que ha invocado al norte levanta los brazos y dice:

¡Hacia el norte!
La tierra ahora puede descansar,
congelada en el pecho de la Señora.
¡Nos veremos en primavera
cuando nos traigas al joven y nuevo rey!
¡Adiós!
¡Que así sea!

La persona que invocó al oeste levanta los brazos y dice:

¡Hacia el oeste!
Vemos cómo los arroyos detienen su caudal

y esperamos tu lluvia que se convierte en nieve.
Cúbrenos con tu frío,
mientras en la profundidad de la tierra
crece el nuevo dios.
¡Adiós! ¡Que así sea!

La persona que invocó al sur levanta los brazos y recita:

¡Hacia el sur!
Movemos nuestros fuegos del campo al hogar,
reuniendo brasas cerca de nuestros corazones.
En la luz se da esperanza y consuelo;
en los días más oscuros acudimos a ti,
nuestra chispa interior.
¡Adiós! ¡Que así sea!

La persona que invocó al este levanta los brazos y dice:

¡Hacia el este!
Las brisas deben ceder a los vendavales
que traen las corrientes de aire más frío.
Bajo tu viento la tierra palidecerá,
y nos enfrentaremos a lo que debemos soportar.
¡Adiós! ¡Que así sea!

El sacerdote o la sacerdotisa que ha trazado el círculo da un paso hacia el borde del círculo en el norte y se mueve en sentido contrario a las agujas del reloj para abrir el círculo, recitando:

El círculo trazado esta noche otoñal
se ha llenado de deleite y solemnidad;
lo tomamos para bendecir el fruto de la cosecha:
¡Venid, venid todos los que podáis a nuestra mesa!
¡Que así sea!

Retiraos a un festín en el que haya la mayor cantidad posible de comida casera y de la huerta.

Mientras que los que actúan en el círculo representan el papel ritual de los segadores, los que preparan el banquete representarán el papel ritual de los aldeanos. El ritual de la preparación de la comida es muy común. La mayoría de los adultos saben cómo poner una mesa y cocinar para un invitado. Las comidas para grupos grandes solo suelen tener lugar los días festivos. Como saben quienes han cocinado una cena americana de Acción de Gracias, hay tanta preparación y trabajo en cocinar un festín como en llevar a cabo un ritual.

Haced lo necesario para limpiar y preparar la comida, y añadid a la mesa los adornos que podáis reunir a partir de lo que encontréis en el espacio que os rodea. Cuando todo esté preparado, cantad juntos una bendición sobre la comida:

Madre del maíz, madre del grano,
Deméter, Ceres,
¡salve a vosotras!
¡Gran madre, bendita madre,
bendice esta comida mientras te alabamos!

Mientras la gente come, uno de los que han preparado el festín debe ponerse el sombrero ridículo y deambular por la mesa, recogiendo monedas para destinarlas al banco de alimentos o para recaudar fondos para el siguiente ritual. Una vez hayáis terminado, el «señor de la cosecha» debe brindar por el grupo, destacando los temas de la gratitud y la pérdida y mencionando los logros de otros miembros del grupo.

Durante la limpieza, alguien debería poner música para que la gente se ponga a bailar o a charlar una vez terminadas sus tareas. Un juego de herraduras (el equivalente más cercano a los juegos de tala de trigo de la Cosecha en Casa) es una forma apropiada de terminar la celebración. Los niños que asistan al ritual pueden ir a recoger bellotas y frutos secos, de acuerdo con las antiguas tradiciones de la recolección de frutos secos. Podéis utilizar los frutos secos en manualidades y hechizos para la próxima temporada de Samhain.

CORRESPONDENCIAS PARA MABON

ra – purification, prosperity, the mysteries of autumn equ
stors, echinacea – healing, strengthening hyssop – purificat
n, patience, loyalty, eternal life, concentration, love myrrh –
rification, protection, spirituality Solomon's seal – exorc
purification, connecting to ancestors, connecting to land ya
– protection, luck, health, money, fertility, Pine – healing
rotection, prosperity, health, the sea Maple – love, friend
prosperity, healing, prosperity, sleep Flowers carnation –
igold – protection, healing sunflower – purity, optimism
o stones specifically associated with Mabon. However, sto
sun dials are appropriate to this holiday. Animals, totem
ng animals in the Mabinogion that helped lead Arthur's
world the Blackbird – one of the guiding animals in the
rely, men to Mabon; brings messages of other worlds to th
the guiding animals in the Mabinogion that helped lead
nting and wisdom the Eagle – one of the guiding animals i
l Arthur's men to Mabon; associated with wisdom, insig
mon – one of the guiding animals in the Mabinogion that
n of knowledge and past and future the Goose – goose se

Concentración espiritual y palabras clave

Amor
Armonía
Compartir
Curación
Equilibrio
Éxito
Duelo
Gratitud
Igualdad
Logro
Muerte
Objetivos
Preparación

Concentración mágica

Agricultura
Armonía familiar
Comunidad
Enraizamiento
Honor
Planificación
Sabiduría
Seguridad pública

Acciones sugeridas

Concentración y estudio
Preparación
Transición

Momentos astrológicos y planetas asociados

El equinoccio astronómico que marca el punto menguante del Sol; el Sol entra a 0 grados de Libra en el hemisferio norte, y a 0 grados de Libra en el hemisferio sur. La alineación de los planetas cambia de un año a otro.

Arquetipos

FEMENINOS
Dama de la cosecha
La mujer guerrera
Muñeca de maíz
Reina de la cosecha
La viuda afligida

MASCULINOS
El Dios Moribundo
El Hombre Guerrero
El Rey Divino
El Señor de la Cosecha

Deidades y héroes

DIOSAS
Deméter (griega)
Epona (celta)
Ereshkigal (sumeria)
Inanna (sumeria)
Juno (romana)

Minerva (romana)
Modron (celta)
Las Musas (griega)
Perséfone (griega)
Osun (yoruba)
Yemaya (yoruba)
Oya (yoruba)

Dioses
Apolo (griego)
Dioniso (griego)
Hombre Verde (celta)
Hermes (griego)
Júpiter (romano)
Mabon (celta)
Thor (nórdico)
Thoth (egipcio)
Vulcano (romano)

Colores

Amarillo: Creatividad, felicidad, luz, optimismo.
Marrón: Equilibrio, familia, conexión a tierra, hogar, estabilidad.
Naranja: Acción, equilibrio, bondad, suerte, optimismo, calidez.
Rojo: Acción, cambios, fertilidad, pasión, protección, sabiduría.
Verde: Fertilidad, generosidad, crecimiento, armonía, curación, amor, renacimiento.

Hierbas:

Bellotas: Fertilidad, salud, suerte, dinero, protección.
Equinácea: Cicatrizante, fortalecedora.
Hiedra: Apego, atracción, amor, presagios, protección.
Hisopo: Curación, purificación.
Laurel: Coraje, dedicación a Apolo, valor, victoria.

Milenrama: Amistad, curación, matrimonio.
Mirra: Curación, purificación.
Resina de benjuí: Equilibrio, concentración, los Misterios del Equinoccio de Otoño, prosperidad, purificación.
Salvia: Protección, purificación, espiritualidad.
Sello de Salomón: Exorcismo, protección, purificación.
Tabaco: Conexión con los antepasados, conexión con la tierra, curación, purificación.

Árboles

Arce: Abundancia, equilibrio, amor, prosperidad.
Fresno: Salud, prosperidad, protección.
Roble: Fertilidad, salud, suerte, dinero, protección.
Saúco: Curación, prosperidad, sueño.

Flores

Caléndula: Curación, protección.
Clavel: Calma, curación, bienestar.
Crisantemo: Alegría.
Girasol: Espiritualidad, sabiduría.

Cristales y piedras

Ámbar: Amor eterno, protección, espiritualidad.
Hematita: Conexión a tierra, curación.
Topacio dorado: Salud, protección, sabiduría.

Metales

Antimonio: Protección.
Hierro: Protección contra las hadas.
Oro: La prosperidad, el Sol.

Animales, tótems y criaturas míticas

El águila: Uno de los animales guía en el Mabinogion que ayudó a guiar a los hombres de Arturo hasta Mabon; asociado con la sabiduría, la perspicacia y el conocimiento.
Ardillas: El comportamiento de estos animales representa la preparación para la cosecha; también recogen frutos secos, haciendo la competencia a las personas en el Roodmas.
El búho: Uno de los animales guía en el Mabinogion que ayudó a guiar a los hombres de Arturo hasta Mabon; asociado con Atenea, la caza y la sabiduría.
Caballos: los escoceses organizaban competiciones de equitación en torno al equinoccio de otoño.
El ciervo: Uno de los animales guía en el Mabinogion que ayudó a conducir a los hombres de Arturo hasta Mabon; representa la ayuda o la presencia de los antepasados o el mundo espiritual.
El ganso: Los gansos se criaban a menudo y luego se servían en la comida de la cosecha; se asocia con la transición.
El mirlo: Uno de los animales guía en el Mabinogion que ayudó a conducir a los hombres de Arturo a Mabon; trae mensajes de otros mundos a los que están en este.
El salmón: Uno de los animales guía en el Mabinogion que ayudó a conducir a los hombres de Arturo hasta Mabon; sabiduría y conocimiento del pasado y del futuro.

Aromas para aceites, inciensos, mezclas de aromas o para hacer que floten en el aire

Aloe
Benjuí
Canela
Cedro
Clavo
Hojas ardientes

Incienso
Mirra
Pino

Claves del tarot

El Ahorcado
La Emperatriz
El Mundo
La Rueda de la Fortuna

Símbolos y herramientas:

Cornucopias y cestas: Simbolizan la abundante cosecha.
Efigies y espantapájaros: Simbolizan al dios moribundo y también al protector de los campos.
Guadañas, bolinas y hoces: Simbolizan la muerte y el trabajo de la cosecha.
Guirnaldas y coronas: Simbolizan al Señor y a la Señora en el equinoccio de otoño.

Comidas

Avena
Calabazas
Cebada
Cebollas
Centeno
Frutos secos
Maíz
Manzanas
Melones
Pan
Patatas
Trigo

Uvas
Zanahorias

Bebidas

Agua
Cerveza
Hidromiel
Sidra
Vino

Actividades y tradiciones para practicar

Banquetes comunitarios (asados de maíz, barbacoas, cenas compartidas)
Bailar
Desfiles o procesiones
Juegos con agua
Quema de efigies
Música
Juegos de puntería

Actos de servicio

Cuidado de los veteranos
Limpieza de parques y carreteras
Proyectos de servicio y refuerzo de las escuelas públicas
Recogida de alimentos
Visitas a residencias de ancianos y hospicios

Nombres alternativos del Mabon en otras tradiciones paganas

Aequinoctium Auctumnale (helénico, celebra la agricultura y el final de la temporada de campañas militar)
Alban Elfed (druida, celebra la cosecha final y el equilibrio de la luz y la oscuridad)

Equinozio di Autunno (stregha)
Fiesta de Avalon (celta galés)
Meán Fómhair (gaélico, «mitad del otoño» y palabra irlandesa moderna para septiembre)

Festividades o tradiciones que ocurren durante el Mabon en el hemisferio norte:

RELIGIOSAS
Ampelia (helénica, en honor de la cosecha y el sacrificio, 19 de agosto)
Vinalia (novorromana, celebra la vendimia, 19 de agosto)
Misterios de Eleusis (helénica, aproximadamente del 11 al 20 de septiembre)
Fiesta de Júpiter, Juno, Minerva (novorromana, 13 de septiembre)
Boedromion (fiesta helénica en honor a los muertos, 19 de septiembre)
Cosecha en Casa (celta escocesa, celebran la última cosecha hacia el final del otoño)
San Miguel (cristiana católica, en honor del arcángel Miguel y la fuerza de voluntad, 29 de septiembre)
Mimneskia (helénica, supresión romana de las Bacanales, el 7 de octubre)
Hallazgo invernal (pagana nórdica, desde el equinoccio hasta el 15 de octubre)

PROFANAS
Fiesta de la Segunda Cosecha (equinoccio de otoño a mediados de septiembre)
Acción de Gracias (último jueves de noviembre en Estados Unidos)

Festividades o tradiciones que ocurren durante el Mabon en el hemisferio sur:

Religiosas

Día de Dioniso o Baco (grecorromana, 16-17 de marzo)
Anunciación de la Bienaventurada Virgen María o Día de la Dama (católica, 25 de marzo)
Domingo de Ramos (cristiana, el domingo antes de Pascua)
Viernes Santo (cristiana, el viernes antes de Pascua)
Pascua (cristiana, el primer domingo después de la primera luna llena tras el equinoccio de primavera)
Pascua (judía, decimoquinto día de Nisán, que comienza en la noche de luna llena después del equinoccio vernal boreal)

Profanas

Día de San Patricio (aunque originalmente era la fiesta católica de un santo, se celebra más como una fiesta laica de cultura irlandesa en todo el mundo, el 17 de marzo)

MÁS LECTURAS

Libros

Davies, Sioned. *The Mabinogion.* Woodbury, Londres: Oxford University Press, 2008.

Dugan, Ellen. *Autumn Equinox: The Enchantment of Mabon.* St. Paul, Minnesota: Llewellyn Publications, 2005.

Kelly, Aidan. *Inventing Witchcraft: A Case Study in the Creation of a New Religion.* Leicestershire, Inglaterra: Thoth Publications, 2007.
Religious Holidays and Calendars: An Encyclopedic Handbook. Aston, Pensilvania: Omnigraphics, 1993.

O'Gaea, Ashleen. *Celebrating the Seasons of Life: Beltane to Mabon.* Pompton Plains, Nueva Jersey: Career Press, 2008.

Wasson, R. Gordon. *The Road to Eleusis: Unveiling the Secret Mysteries*. Berkeley, California: North Atlantic Books, 2008.

Internet

Bulfinch, Thomas. *Bulfinch's Mythology*. Internet Sacred Text Archive, 1855. http://www.sacred-texts.com/cla/bulf/.

Colum, Padraic. *Orpheus: Myths of the World*. Internet Sacred Text Archive, 1930. http://www.sacred-texts.com/etc/omw/index.htm.

Hunt, J. M. «The Wanderings of Dionysus». *Greek Mythology*. http://edweb.sdsu.edu/people/bdodge/scaffold/gg/wanderDionysus.html.

BIBLIOGRAFÍA

Libros

Campbell, John Gregerson. *Witchcraft and Second Sight in the Highland & Islands of Scotland: Tales & Traditions Collected Entirely from Oral Sources*. Glasgow: James MacLehose & Sons, 1902.

Chambers, Robert. *The Book of Days: A Miscellany of Popular Antiquities in Connection with the Calendar, Including Anecdote, Biography, History, Curiosities of Literature and Oddities of Life and Human Character*. Londres y Edimburgo: W & R Chambers, 1862.

Dalyell, John Graham. *The Darker Superstitions of Scotland*. Edimburgo: Waugh and Innes, 1835.

Daniels, Cora Linn Morrison y Charles McLellan Stevens, eds. *Encyclopaedia of Superstitions, Folklore, and the Occult Sciences of the World*. Vol. 3. Chicago: J. H. Yewdale & Sons, 1908.

Folkard, Richard. *Plant Lore, Legends, and Lyrics*. Londres: Sampson Low, Marston, Searle, and Rivington, 1884.

Goldsmith, Milton. *Signs, Omens and Superstitions*. Nueva York: George Sully and Company, 1918.

Gomme, George Laurence. *Archaeological Review*. Vol. 2. Londres: D. Nutt, 1889.

Hastings, James. *Encyclopedia of Religion & Ethics*. Vol. VI. Edimburgo: T & T Clark, 1914.

Hughes, Kristoffer. *The Book of Celtic Magic: Transformative Teachings from the Cauldron of Awen*. Woodbury, Minnesota: Llewellyn Publications, 2014.

Mylonas, George E. *Eleusis and the Eleusinian Mysteries*. Princeton, Nueva Jersey: Princeton University Press, 1962.

Smith, Horace. *Festivals, Games, and Amusements*. Nueva York: Harper & Brothers, 1831.

Warren, Nathan B. *The Holidays: Christmas, Easter, Whitsuntide, together with the May-Day, Midsummer, and Harvest-Home Festivals*. Troy, Nueva York: H. B. Nims & Company, 1876.

Internet

Artisson, Robin. «The Differences in Traditional Witchcraft and Neo-Pagan Witchcraft, or Wicca». Accedido el 10 de junio de 2014. http://www.paganlore.com/witchcraft_vs_wicca.aspx.

Bonewits, Isaac. «Defining Paganism: Paleo-, Meso-, and Neo-». *Neopagan.net*. Accedido el 30 de junio de 2014. http://www.neopagan.net/PaganDefs.html.

Crew's Nest. «Harvest Festival UK». Accedido el 27 de febrero de 2014. http://www.crewsnest.vispa.com/thanksgivingUK.htm.

The Ecole Initiative. «The Eleusinian Mysteries». Accedido el 30 de junio de 2014. http://www.bsu.edu/classes/magrath/305s01/demeter/eleusis.html.

Encyclopedia Britannica Online. «Harvest Home». Accedido el 17 de febrero de 2014. http://www.britannica.com/EBchecked/topic/256338/Harvest-Home.

Fares, Aymen. «Stregheria-Basic Beliefs». Spiritual.com.au. Accedido el 28 de octubre de 2014. http://www.spiritual.com.au/2011/07/stregheria-basic-beliefs/.

Fish Eaters. «Feast of St.Michael (Michaelmas)». Accedido el 26 de mayo de 2014. http://www.fisheaters.com/customstimeafterpentecost10.html.

Flippo, Hyde. «Erntedankfest: Thanksgiving in Germany». *About.com*. Accedido el 30 de junio de 2014. http://german.about.com/cs/culture/a/erntedankf.htm.

Foreman, A. Z. «Poems Found in Translation: Saint John of the Cross: The Dark Night of the Soul (From Spanish)». http://poemsintranslation.blogspot.com/2009/09/saint-john-of-cross-dark-night-of-soul.html.

Frazer, James. *The Golden Bough*. «Chapter 29. The Myth of Adonis». Internet Sacred Text Archive, 1922. http://www.sacred-texts.com/pag/frazer/gb02900.htm.

Guest, Charlotte. *The Mabinogion.* «Kilhwch and Olwen». Internet Sacred Text Archive, 1877. http://www.sacred-texts.com/neu/celt/mab/mab16.htm.

Harrison, Jane. *Myths of Greece and Rome.* «Athena». Internet Sacred Text Archive, 1928. http://www.sacred-texts.com/cla/mgr/mgr06.htm.

Kelly, Aidan. Entrevista con Aidan Kelly el 13 de octubre de 2013.

Knowlson, T. Sharper. *The Origins of Popular Superstitions and Customs: Days and Seasons.* «(22) Harvest Home-The Kern Baby». Internet Sacred Text Archive, 1910. http://www.sacred-texts.com/neu/eng/osc/osc25.htm.

Mackenzie, Donald. *Egyptian Myth and Legend.* «Chapter II: The Tragedy of Osiris». Internet Sacred Text Archive, 1907. http://www.sacred-texts.com/egy/eml/eml05.htm.

Moore, A. W. *The Folk-Lore of the Isle of Man.* «Chapter VI. Customs and Superstitions Connected with the Seasons». Internet Sacred Text Archive, 1891. http://www.sacred-texts.com/neu/celt/fim/fim09.htm.

Museum Syndicate. «Corn Mummy in the Rosicrucian Museum». Accedido el 30 de junio de 2014. http://www.museumsyndicate.com/item.hp?item=54349.

Nichols, Mike. «Harvest Home». *The Witches' Sabbats.* http://www.witchessabbats.com/index.php?option=com_content&view=article&id=17&Itemid=28.

OFEST. «The History of Oktoberfest». Accedido el 3 de marzo de 2014. http://www.ofest.com/history.html.

Order of Bards and Druids. «Autumn Equinox-Alban Elfed». Accedido el 10 de junio de 2014. http://www.druidry.org/druid-way/teaching-and-practice/druid-festivals/autumn-equinox-alban-elfed.

Pagan Pride. «About Pagan Pride». *Pagan Pride.* http://www.paganpride.org.uk/Pagan_Pride-UK-About_Pagan_Pride-2.php.

Perotta, Andrew. «The Feast of St. Michael's-History of the Fest of St. Michael's». Accedido el 25 de mayo de 2014. http://www.feastofstmichael.com/history.html.

Polish Toledo. «Dozynki-Polish Harvest Festival». *PolishToledo.com.* http://www.polishtoledo.com/dozynki01.htm.

Reform Judaism. «Rosh HaShanah». *ReformJudiasm.org.* Accedido el 28 de octubre de 2014. http://www.reformjudaism.org/jewish-holidays/rosh-hashanah.
«Sukkot-Feast of Booths». *ReformJudiasim.org.* Accedido el 10 de junio de 2014. http://www.reformjudaism.org/jewish-holidays/sukkot.
«Yom Kippur-Day of Atonement». *ReformJudaism.org.* Accedido el 10 de junio de 2014. http://www.reformjudaism.org/jewish-holidays/yom-kippur-day-atonement.

Rich, Tracey R. «Jewish Calendar». *Judaism 101.* Accedido el 28 de octubre de 2014. http://www.jewfaq.org/calendar.htm.
Robinson, B. A. «Asatru: Norse Heathenism». *ReligiousTolerance.org.* Accedido el 28 de octubre de 2014. http://www.religioustolerance.org/asatru.htm.

Springwolf. «The History of Mabon-The Feast of Avalon». *Springwolf Reflections.* Accedido el 30 de junio de 2014. http://springwolf.net/2012/09/21/mabon-the-feast-of-avalon/.

Struck, Peter T. «Calendar of Greek Religious Festivals-Boedromion». *Greek and Roman Mythology Online Textbook.* http://www.classics.upenn.edu/myth/php/hymns/index.php?page=calendar.

Theoi Project. «RAPE OF PERSEPHONE 1: Greek Mythology». *Theoi.com.* Accedido el 30 de junio de 2014. http://www.theoi.com/Khthonios/HaidesPersephone1.html.

Tiverton Astronomy Society. «Astro-Archaeology at Stonehenge». Accedido el 30 de junio de 2014. http://www.tivas.org.uk/stonehenge/stone_ast.html.

True Blue Bay Resort, Grenada Hotel. «The History Behind Grenada's Thanksgiving Day». *True Blue Bay Grenada* (blog), 25 de octubre de 2012. http://www.truebluebay.com/blog/details/the-history-behind-grenadas-thanksgiving-day.

UCSB English Broadside Ballad Archive. «Ballad of John Barleycorn EBBA ID: 20199». *English Broadside Ballad Archive,* 1640. http://ebba.english.ucsb.edu/ballad/20199/citation.

Weston, Jessie L. *From Ritual to Romance:* «Chapter IV. Tammuz and Adonis». Internet Sacred Text Archive, 1920. http://www.sacred-texts.com/neu/frr/frr07.htm.

Wilson, Lauren. «Thanksgiving in Liberia». The Daily Meal: All Things Food and Drink. 9 de mayo de 2013. http://www.thedailymeal.com/thanksgiving-liberia.